# 중화경제의 리더들

## 팍스 시니카와 화교 네트워크

# 차례
## Contents

# 프롤로그 : 왜 화교인가

# 장면 1

2007년 2월 27일, 세계증시는 이날을 '상하이증시의 쿠데 타'라고 기억한다. 이날 오전 뉴욕증권거래소는 개장과 함께 주가가 폭락하기 시작했다. 이유가 무엇인지 따질 겨를도 없 었다. 트레이더들은 팔자 주문을 내느라 정신이 없었다. 다우 지수는 장중 546포인트까지 빠졌다. 이는 9·11테러 이후 최 대낙폭이었다.

도대체 왜? 시장 분석가들은 원인을 분석하느라 야단법석 을 떨었다. 미국의 중앙은행인 연방준비제도이사회(FRB)의 벤 버냉키 의장을 지목하기도 했다. 그러나 결론은 엉뚱하게도 상하이로 모아졌다. 뉴욕증시보다 일찍 폐장한 상하이증시는 이날 정부의 추가 긴축 조치로 9%나 폭락했다. 그 여파로 지구 반대편인 뉴욕시장이 흔들린 것이다. 상하이증시의 폭락은 유럽과 미국을 차례로 강타한 뒤 다음날 아시아증시를 쑥대밭으로 만들었다. 전 지구가 상하이발 '차이나 쇼크'에 휩싸인 것이다.

얼마 전까지만 해도 상하이증시는 세계증시의 변방이었다. 그런 상하이증시가 세계 굴지의 증시를 뒤흔들어 놓은 것이다. 이제 상하이증시는 더 이상 변방증시가 아니라 세계증시의 핵심으로 부상했다. 한국증시도 이전에는 미국에 커플링(동조화)됐으나 지금은 중국에 커플링돼 있다. 이제 차이나라는 요인을 고려하지 않고는 세계경제를 논할 수 없게 된 것이다.

## # 장면 2

미국이 경기 침체에 빠졌음에도 2008년 5월 21일 뉴욕상업거래소에서 서부텍사스산중질유(WTI)는 장중 배럴당 130달러를 돌파해 사상 최고치를 경신했다. 이로써 유가는 전년 대비 120%가량 급등했다.

유가 급등의 가장 큰 요인은 투기세력이다. 투기세력은 당분간 중국의 수요 급증이 지속될 것이라 판단하고 유가 상승에 베팅하며 원유시장에 대거 들어오고 있다. 결국 유가 급등의 원인제공자는 중국인 셈이다. 중국의 수요 급증으로 유가뿐만 아니라 각종 원자재 가격이 연일 사상 최고치를 경신하고 있다.

미국이 침체에 빠지면 각종 원자재의 수요가 줄어 원자재 가격이 하락하는 것이 과거 세계경제의 문법이었다. 그러나 이 같은 문법이 바뀌고 있다. 미국 경제가 침체에 빠졌음에도 중국의 수요 급증으로 유가를 비롯한 각종 원자재 가격이 고공비행을 지속하고 있다. 미국의 권위지인 「뉴욕타임스」는 "미국이 아니라 중국이 원자재 가격을 결정하고 있다"며 "원자재 시장에서 '팍스 아메리카나(Pax Americana, 미국 주도하의 세계평화)' 시대가 저물고 있다."고 논평했다.

## # 장면 3

중국의 부상은 원자재뿐만 아니라 세계경제의 모든 부문을 바꾸고 있다. 특히 미국이 서브프라임 모기지(비우량 주택담보대출) 사태로 대공황 이후 최대의 위기를 맞자 중국의 국부펀드가 월가의 구세주로 등장하고 있다. 그동안 미국이 절대적인 패권을 행사했던 금융 분야에서도 중국이 약진하고 있는 것이다.

미국의 투자은행들은 너무도 다급한 나머지 미래의 가장 강력한 경쟁자가 될 중국계 자본을 받아들이고 있다. 중국의 국부펀드인 중국투자공사(CIC)가 모건스탠리의 지분 10%를 50억 달러에 사들였고, 중국국제투자신탁공사(CITIC)는 베어스턴스의 지분 6%를 10억 달러에 매입했다. CIC는 이외에도 월가의 유명 사모펀드인 블랙스톤의 지분 10%를 30억 달러에 인수했다. 같은 중국계 자본인 싱가포르의 국부펀드 테마섹도 메릴

린치의 지분 10%를 44억 달러에 사들였다. 전문가들은 차이나 달러가 미국의 자존심인 월가를 공습하고 있다고 입을 모으고 있다. 달러로 대표되는 팍스 아메리카나에서 위안화로 대표되는 '팍스 시니카(Pax Sinica, 중국 주도하의 세계평화)'로 '패러다임 시프트'가 일어나고 있는 것이다.

이같이 지구경제의 지형을 바꾸고 있는 중국은 2007년에도 현란한 경제 성적표를 내놓았다. 2007년 중국은 사실상 세계 3위의 경제대국이 됐다. 국제통화기금(IMF)의 통계에 따르면 2007년 중국의 국내총생산(GDP)은 3조 2,508억 달러를 기록해 독일의 3조 3,221억 달러에 약간 못 미친다. 그러나 이는 1997년 중국에 반환된 홍콩이 그 이전인 1995년 세계무역기구(WTO)에 가입해 경제지표를 따로 계산하기 때문이다. 홍콩의 GDP(2,067억 달러)를 합하면 중국의 GDP는 3조 4,575억 달러에 달해 독일을 1,350억 달러 정도 앞선다. 중국이 미국 일본에 이어 세계 3위의 경제대국 반열에 오른 것이다. 영국의 「이코노미스트」 산하 경제 예측 전문 기관인 EIU는 고성장과 위안화 절상에 힘입어 2008년 중국(홍콩 제외)의 GDP는 3조 9,400억 달러에 달해 독일(3조 4,300억 달러)을 크게 따돌릴 것이라고 전망했다.

중국의 고속성장은 향후 20~30년간 지속될 전망이다. 중국이 발전했다고 하나 동남연해만 개발됐을 뿐 서부 내륙지방은 아직도 미개발상태다. 따라서 중국은 향후 20~30년간 현재의 고성장을 이어갈 가능성이 크다. 미국 최고의 투자은행인 골드만삭스는 "중국의 발전 가능성은 거의 무한대"라며 "중국이 2015년 일본을, 2040년 미국을 제치고 세계최고의 경제대국이 될 것"이라고 예상했다.

그렇다면 중국 급성장의 원동력은 무엇일까? 개혁개방으로 상징되는 효과적인 공산당 일당독재 리더십, 미국과의 경제적 밀월, 대규모 화교 자본의 유입 등을 꼽을 수 있다.

1978년 '개혁개방의 총설계사' 덩샤오핑이 개혁개방에 시동을 건 이래 중국 지도부는 2025년까지 일본을, 2050년까지 미국을 제치겠다는 명확한 비전을 제시하며 일사불란한 공산당 일당독재 리더십으로 고성장을 이끌어 내고 있다. 마치 한국이 박정희 대통령 시절 '잘살아 보세'라는 구호 아래 하나가 되어 경제발전에 매진했던 것과 비슷하다.

미국·중국 간의 경제적 밀월도 중국을 급성장 시킨 주요인이다. 제2차 세계대전 이후 세계를 관통하는 질서가 하나 있다. 미국에 맞서면 망하고 미국에 협력하면 흥한다는 사실이다. 미국에 맞섰던 구소련 등 동구권은 이미 망했다. 쿠바와 북한은 기아선상을 헤매고 있다. 그러나 한국, 일본 등 미국에 협조했던 나라는 국가적 자존심은 좀 상했지만 번영을 구가하고 있다. 중국도 마찬가지다. 중국이 미국에 맞섰을 때는 경제가 붕괴되기 직전이었다. 대약진운동, 문화대혁명 때 수천만의 중국 인민들이 아사했다. 그러나 미국과 관계를 정상화한 이후 발전을 거듭하고 있다.

미국은 1972년 당시 최대의 라이벌인 구소련을 견제하기 위해 중국과 손을 잡았다. 중국과 미국은 그 유명한 핑퐁외교를 통해 데탕트 시대를 열었다. 중국은 1979년 미국과 정식수교를 맺었고, 이후 미국은 중국의 상품을 수입해 줌으로써 중국이 쾌속성장 하는 데 큰 역할을 하고 있다. 최근 미국과 중국은 인권문제 등을 둘러싸고 가끔씩 가시 돋친 설전을 주고받지만 경제적으로는 환상의 콤비를 이루고 있다. 미국이 중국의 상품을 소화해 주고 중국은 잉여 외환보유액으로 미국의 국채를 사 주고 있다. 중국이 없었다면 미국인들이 월마트에서 그렇게 싼값에 물건을 살 수 없었을 것이고, 미국이 중국의 상품을 소화해 주지 않았다면 중국이 지금과 같은 고속성장을 할 수 없었을 것이다.

강력한 정치 리더십, 지정학적 요인도 중요하지만 그래도 가장 중요한 요소는 사람이다. 경제를 운용하는 것은 결국 사람이기 때문이다. 특히 화교의 역할이 결정적이었다. 화교는 '한번 중국인이면 영원한 중국인'이란 말을 증명이라도 하듯 중국이 현대화를 달성할 수 있도록 막대한 '시드 머니(seed money, 종자돈)'를 대주었다. 개혁개방을 선언했지만 자본이 없었던 중국 공산당에 있어 화교자본은 가뭄의 단비였고, 이들 종자돈으로 중국은 단기간에 급성장할 수 있었다. 개혁개방 초기 중국 해외직접투자(FDI)의 대부분이 화교자본이었고, 지금도 FDI의 3분의 1이 화교자본이다. 특히 대만과 홍콩의 화교들은 자본뿐만 아니라 경영 및 기술 노하우를 중국에 전수하며 조국의 고속성장에 크게 기여하고 있다.

화교는 세계에서 가장 큰 해외 동포 경제를 형성하고 있다. 중국 국무원 외교부 자료에 따르면 전 세계 90여 개국에 약 5,500만 명의 화교가 산재해 있다. 화교경제의 규모는 GDP 개념으로는 약 6,000억 달러에 이를 것으로 추정된다. 화교들이 운용하는 유동자산만 2조 달러이고, 고정자산까지 합하면 약 3조 달러에 달한다.

최근 중국 해외동포의 활약상을 가장 잘 볼 수 있는 곳이 금융 산업이다. 필자는 세계적 펀드 운용사인 피델리티가 개최하는 중국펀드 투자설명회에 기조발제자로 참석한 적이 있었다. 그때 샤론 옹(Sharon Wong)이라는 화교를 만났다. 필자가 중국의 거시경제와 가능성을 개략적으로 설명하면 샤론 옹이 유망한 주식 종목에 대해 구체적으로 설명했다.

30대 초반인 샤론 옹은 차이니스 아메리칸(Chinese American), 즉 중국계 미국인이다. 그녀는 화교 3세임에도 유창한 중국어를 구사했다. 영어는 물론 네이티브 스피커 수준이다. 미국에서 태어나 미국에서 교육을 받고 지금은 홍콩 소재 피델리티에서 일하고 있다. 아담한 체형에 미인형인 그녀는 피부색만 빼면 완벽한 미국인이다. 그것도 교양미 넘치고 세련된, 전형적인 미국 상류층의 재원이다. 그러나 그녀는 다소곳함도 갖추고 있었다. 뿌리가 중국이기 때문일 것이다. 그녀의 조상은 상하이 출신이다. 그녀의 중국 이름은 치우쓰안(邱思安)이다. 그녀는 완벽한 '보통화(普通話, 베이징 방언을 기본으로 하는 중국의 표준어)'를 구사했다. 교포 3세지만 집에서 중국어를 쓰기 때문에 중국어를 말하고 읽는 데 큰 지장이 없다고 했다. 그녀는 웨슬리안 칼리지를 차석졸업하고 1999년 미국 피델리티에 취직했다. 중국이 각광을 받음에 따라 홍콩 피델리티로 발령을 받아 지금은 '차이나 포커스트 펀드(China Focused Fund, 중국에 집중 투자하는 펀드)'를 운용하고 있다.

영어와 첨단 금융지식으로 무장한 샤론 옹은 중국이 세계 경제의 기린아로 떠오름에 따라 몸값이 치솟고 있다. 중국의 경제가 욱일승천의 기세로 부상하자 세계 각국이 기회의 땅 중국에 동승하기 위해 안간힘을 쓰고 있고 있기 때문이다. 서구 및 일본은 물론이고 아랍의 오일달러까지 중국에 유입되고 있다. 모국의 부흥으로 해외 교포들은 더 많은 기회를 잡고, 이들은 외국에서 배운 전문지식을 모국을 위해 씀으로써 모국은 더욱 성장하고, 모국은 그 성장의 과실을 다시 해외교포와 공유하는 선순환 구조가 이어지고 있는 것이다.

이들의 앞날은 더욱 밝다. 중국이 발전하면 할수록 금융시장의 규모는 더 커지기 때문이다. 화교의 경제규모는 유동자산만 2조 달러다. 중국이 보유하고 있는 유동자산까지 합하면 중화권이 운용하는 자산의 규모는 엄청나게 늘어난다. 중국의 중앙은행인 인민은행은 2008년 3월 현재 1조 7,000억 달러의 외환을 보유하고 있다. 여기에 중국인들의 저축액은 2조 6,000억 달러 정도 된다. 중국이 보유하고 있는 유동자산만 4조 3,000억 달러다. 화교자본까지 합하면 모두 6조 3,000억 달러가 된다.

이는 일본의 2조 5,000억 달러보다 세 배 가까이 많은 규모다.

서브프라임 모기지 사태로 흔들리고 있지만 세계 금융계는 아직 미국 천하다. 미국계 자본이 한 곳에 투자를 하면 다른 나라 자본들이 일제히 미국을 추종한다. 그러나 중국의 자본 시장이 미국만큼 커진다면 중국계 자본의 향배가 세계의 유동 자산을 좌우하는 시대가 올 것이다. 이 시대의 총아는 바로 샤론 옹 같은 화교 금융엘리트들이 될 것이다. 특히 아시아 금융 센터인 홍콩의 화교들은 아시아에서 최초로 서구식 금융기법을 익히고 서구식 룰에 따라 글로벌 금융게임이 참여한 사람들이어서 이미 세계적 수준의 경쟁력을 확보하고 있다.

화교는 조국의 발전에 지대한 공헌을 하고 있다. 그리고 이들의 가치는 앞으로 더욱 커질 것이다. 글로벌화된 세계에서 국제적 마인드를 갖고 있는 이들은 점점 더 빛을 발할 것이다. 원래 이들은 조국에서도 현지에서도 아무도 신경을 쓰지 않는 존재였다. 오히려 조국에서 버림받은 사람들이었다. 화교들은 기아와 가렴주구의 폭정을 피해 고향을 떠났다. 고국에서 버림받은 이들은 현지 정부로부터의 보호도 받지 못했다. 그들은 이 같은 한을 풀기 위해 돈을 버는 데 집착했고 결국 막대한 부를 축적했다. 그들을 거들떠보지도 않았던 조국이 이제는 그들의 자본을 학수고대하고 있다. 조국에서 버림받았던 화교들은 공산 중국의 칙사 대접을 받으며 대륙으로 돌아오고 있다.

이들의 존재가 정말 무서운 것은 이미 글로벌 네트워크를 갖추고 있다는 사실이다. 이들은 기원전부터 해외로 나갔기 때문에 세계 어디에나 화교 공동체가 형성돼 있다. 화교 네트워크는 정보통신 혁명으로 더욱 강력한 힘을 발휘하고 있다. 실시간으로 전 세계에 퍼져있는 화교 글로벌 네트워크가 작동하기 때문이다. 21세기는 중국의 세기가 될 것이다. 글로벌 네트워크, 자본, 글로벌 마인드를 장착하고 있는 화교는 이 시대를 화려하게 장식하는 꽃이 될 것이다.

※ 이 책은 2006년 출간된 필자의 저서 『친디아의 비밀병기 화교 & 인교』(교보문고)의 화교 부분 중 핵심적인 내용을 뽑아 다시 정리하고, 그간에 추가된 내용을 보충한 것임을 밝힌다.

# 화교란

화교華僑는 일반적으로 해외에 거주하는 중국인을 통칭하는 말이다. 그러나 정확한 의미는 중국 본토 이외의 국가나 지역에 임시로 거주하고 있는 중국인을 일컫는다. 여기서 화華는 중국을 의미하며 교僑는 타국에서 임시 거주하는 사람을 뜻한다. 다시 말해 타국에서 거주하지만 중국 국적을 갖고 있는 사람들이다. 그러나 2, 3세들이 늘어남에 따라 지금은 현지 국적을 가진 사람이 더 많다. 이들을 화교와 구별해 화인華人이라고 부른다. 즉, 중국에 거주하지 않고 국적도 중국이 아닌 중화민족을 일컫는다. 그리고 화상華商은 화교 중 상업에 종사하는 사람을 뜻한다. 그러나 개혁개방 이후 중국 본토에도 기업가들이 생기면서 최근 화상이라는 개념은 국적을 불문하고 상업에 종사하는 중화민족 모두를 일컫는다. 세계화상대회가 열리면 화교만이 아니라 본토의 주요 경제인들도 함께 모여 정보를 교환한다.

이들 화교의 인구와 경제규모는 웬만한 나라보다 크다. 전세계 90여 개국에 5,500만 화교(한국 인구 4,800만 명)가 산재해 있으며 이들의 경제규모는 GDP 개념으로 약 6,000억 달러로 추산된다. GDP가 6000억 달러면 아시아에서 일본, 중국, 인도, 한국을 빼고 가장 크다. 중국은 동포 경제로만 아시아 5위에 해당하는 경제권을 갖고 있는 것이다.

국가별로는 홍콩, 마카오, 대만이 모두 중화 경제권에 속한다. 이른바 '삼포자본三浦資本'이다. 홍콩 마카오는 이미 중국에 반환됐고 대만도 중국의 경제권이다. 중국은 대만을 1개 성省으로 간주하고 있고, 세계도 대만을 국가로 인정하지 않는다. 따라서 대만도 중화경제권에 포함시키는 것이 일반적이다. 중국과 삼포자본을 통틀어 '대중화경제권(Greater China)'이라고 한다. 인구의 70%가 화교인 싱가포르도 사실상 대중화경제권이다. 화교들이 경제를 장악하고 있는 동남아도 광의의 대중화경제권에 속한다. 인도네시아의 경우, 3%의 화교가 국부의 80%를 장악하고 있다.

인도네시아, 태국 등 동남아 국가들은 원래 공산 중국과 소원한 관계를 유지했다. 1960년대에 중국이 동남아 지역에 대한 영향력을 확대할 움직임을 보이자 인도네시아, 필리핀 등 인접국에서 반공 프로그램을 강화했다. 그러나 최근 중국이 급속히 발전함에 따라 동남아 국가들은 중국과의 관계를 속속 개선하면서 대중화경제권에 편입되기를 희망하고 있다. 중국의 발전으로 역내 무역이 활성화됨에 따라 동남아 경제도 덩달아 발전하고 있기 때문이다.

그동안 동남아 화교들은 각국의 경제를 장악하고 있었으나 공산 중국에 대한 현지인의 거부감 때문에 중국계라는 신분을 숨겨왔다. 그러나 지금은 떳떳하게 자신의 뿌리를 밝힌다. 원자바오 총리가 2004년 가을 아세안(ASEAN, 동남아시아 국가연합) 정상회담에서 2010년까지 자유무역지대(FTA)를 창설하자고 제안하자 각국의 정상들은 이를 열렬히 환영했다.

# 화교의 역사

중국은 해양 국가가 아니라 대륙 국가다. 중국은 바다에 못 나가게 하는 '해금海禁'정책이 나라의 기본정책이었다. 중국에 최대의 위협은 북방민족이었기 때문이다. 실제 몽고족과 만주족은 중원을 정복해 중화민족을 지배하기도 했다. 따라서 중국은 북방민족의 침입을 막는 데 국력을 집중했다. 또 자원이 풍부해 자급자족이 가능했기에 해외에 나갈 이유도 없었다.

따라서 중국인의 해외 진출은 당나라 남송시대 등 상업이 발달한 시기에 아주 예외적으로 이뤄졌다. 중국에 수많은 영웅이 있지만 바다와 관련된 영웅은 극소수에 그치는 것만 보아도 중국이 해양 국가가 아닌 대륙 국가를 지향했음을 잘 알 수 있다.

또 중국의 유교사상은 '사농공상士農工商'이란 위계질서를 확립했다. 상인계급은 인도의 카스트로 치면 최하층 카스트로 군인보다도 못한 대접을 받았다. 유교는 군자는 이利를 버리고 의義를 취해야한다고 가르치는 등 이익을 탐하는 상업 활동을 천시했다. 이런 사회 분위기에서 돈을 벌기 위해 이익을 추구하는 상인은 소인배일 수밖에 없었다. 일부 상인들이 흉년과 기근을 이용, 곡물을 매점매석해 폭리를 취하는 등 사회불안을 야기한 것도 상인의 지위를 격하시킨 요인 중 하나였다.

유교질서 아래에서 상인은 항상 권력의 희생양이 됐다. 조정과 관료들은 집권과정에서 돈이 필요했기 때문에 상인을 옆에 두었으나 집권하고 나면 그들의 뒤통수를 후려쳤다. 조정으로부터 배신을 당한 상인들은 가족과 함께 양자강 이남의 미개지로 유배를 당했다. 이런 과정을 거쳐 양자강 이남의 '월(越, 오월동주의 '월'나라)' 지역에 또 다른 중국이 태동하게 된다. 상인으로서의 재능을 갖고 있는 이들 추방자들은 돈을 벌기 위해 해외로 나가는 모험을 선택했고 자신을 적대시하는 이국 땅에서 사업을 영위하는 기술을 개발해 결국 현지의 경제를 장악했다.

## 차이나타운이 당런지에인 이유

한무제(BC 156~BC 87)가 장건을 시켜 실크로드를 개척했기 때문에 당시에도 해외로 나간 중국인은 더러 있었다. 그러나 최초의 본격적인 화교는 중국 역사상 최고의 전성기라 할 수 있는 당나라(618~907) 때 출현했다.

당나라는 중국뿐만 아니라 전 세계적으로도 가장 강력한 왕조였다. 당나라의 수도 장안은 '색목인色目人'이라고 불리는 이슬람 상인들이 거주하는 등 국제적 도시였고 중국인 또한 실크로드를 따라 무역에 나서 본격적인 해외 활동을 시작했다. 당시 당나라 사람들은 가까운 동남아시아는 물론 멀리는 아프리카까지 진출했다. 현지인들은 중국인들을 당나라 사람이란 뜻인 '당런(唐人)'이라고 불렀고 그들이 집단 거주하는 지역을 '당런지에(唐人街)'라고 칭했다. 서양에서는 지금도 차이나타운을 당런지에라고 부른다.

중국은 당나라 시대와 남송 시대 그리고 명나라 초기에 상업이 발달했다. 당나라 시대를 제1차 상업혁명기라고 한다면 남송 시대부터 명나라 초기까지를 제2차 상업혁명기라 할 수 있다. 제2차 상업혁명기인 남송 시대부터 명나라 초기까지 화교의 동남아 진출이 가장 활발했다. 당나라 시대보다 더욱 많은 화교의 해외진출이 이뤄졌다. 당시 화교들은 싱가포르, 베트남, 태국, 필리핀 등 동남아 무역의 중심지로 이동하였으며 그 수는 10만 명이 넘었다.

특히 남송은 도읍을 바다가 가까운 항저우(杭州)에 정하는 등 중국 왕조 중 최초로 상업의 중요성을 깨달은 왕조였다. 화교들도 남송 시기에 대거 동남아에 진출해 동남아 상권을 장악했다. 화교의 해외 진출은 명나라 초기에 절정에 달했다. 그 절정을 상징하는 인물이 해군 제독 정화鄭和이다. 1405년부터 35년에 걸친 일곱 차례의 대항해는 중국 해외진출 역사의 백미라 할 수 있다.

## 아라비안나이트의 신드바드는 중국인 정화

아라비안나이트(천일야화)에 「신드바드의 모험」이 나온다. 주인공인 신드바드(Sindbad)가 바다에 일곱 번 나가 모험을 펼친 끝에 부자가 돼 바그다드로 돌아온다는 이야기이다. 정화가 일곱 번 원정에 나선 것과 같다. 정화의 본명은 마화馬和였다. 그러나 중국인들은 그를 마삼보馬三寶라고 불렀다. 삼보는 불·법·승의 삼보를 이른다. 삼보의 중국 발음이 '산바오(Sanbao)'이다. 신드바드와 산바오의 발음이 아주 유사하다. 이 같은 연유로 중국에서는 신드바드가 중국인 마삼보라고 주장하고 있다.

마삼보는 1371년 중국 남서부에 위치한 윈난(雲南)성에서 태어났다. 그는 이슬람교를 믿는 회족回族이었다. 마삼보의 조부와 아버지는 메카를 참배한 적이 있었다. 이들이 성지순례 과정에서 접했던 새로운 문물은 어린 마삼보에게 큰 영향을 끼쳤을 것이다. 그는 이 같은 가정환경에서 성장하면서 아라비아어는 물론 서역의 관습과 지리를 두루 익혔다. 11세 때 고향인 윈난성 쿤밍(昆明)이 명나라에 정복됐다. 마삼보는 이민족을 거세해 환관으로 만들었던 명나라의 정책에 따라 거세당한 후 베이징으로 보내졌다.

마삼보는 2년 후 명태조 홍무제의 아들 주체(후에 영락제가 됨)의 수행내시로 발탁됐다. 그는 키가 2m가 넘는 거한이었고 병법에 능했다. 탁월한 신체조건을 가진데다 병법에 밝은 마삼보는 주체의 마음을 금방 사로잡았고 주체가 황위를 찬탈할 때, 혁혁한 공을 세웠다. 주체가 자신의 조카인 건문제를 폐위하고 명나라의 3대 황제인 영락제에 오르자 마삼보는 환관의 우두머리에 해당하는 태감에 발탁됐다. 태감은 지금으로 치면 대통령 비서실장이라고 할 수 있다. 정鄭씨 성도 이때 하사받았다.

영락제는 집권 이후 행방이 묘연한 건문제를 찾기 위해 역사상 유래가 없는 수색작전을 일곱 차례에 걸쳐 벌였다. 이 수색작전을 자신의 오른팔인 정화에게 맡겼다. 또 쿠데타로 황위에 오른 그는 정통성이 없었다. 따라서 그는 다른 나라로부터 황제로 인정받기를 원했다. 대규모 원정단은 중국 황실이 하사하는 선물을 가득 싣고 항해에 올랐다. 원정단이 기항하는 국가는 이들을 따뜻하게 맞이했고 중국 황실의 선물에 대한 보답으로 영락제를 천자로 인정했다.

정화의 함대는 인도는 물론 페르시아 만과 홍해를 따라 아프리카 케냐까지 총 37개국을 방문했다. 제1차 항해 때 그는 동남아 교역의 요충지인 말라카 해협을 장악했다. 정화는 일곱 차례의 항해를 하면서 말라카 해협 등의 제해권을 완벽하게 장악하는 한편 화교들을 주요 요충지에 심어 놓았다. 이 같은 네트워크는 지금도 그대로 전해지고 있다.

정화의 함대 중 가장 큰 배는 길이 150m, 폭 60m가 넘었다. 2,500톤 급으로 한 척에 1,000명 가까이 승선했다고 한다. 한 번 출항에 100척 가량이 동원됐고 승무원은 2만 7,000명 정도였다. 아메리카 신대륙을 발견한 콜럼버스의 산타마리아호가 250톤 급에 지나지 않았던 점에 비추어 볼 때 엄청난 규모다.

정화의 함대가 미국까지 진출했다는 설도 있다. 영국 해군 퇴역 장교 개빈 멘지스는 2002년 출판한 『1421년, 중국이 세계를 발견한 해』라는 자신의 저서에서 정화가 콜럼버스보다 71년 이른 1421년에 아메리카 대륙을 발견했다고 주장해 세계적으로 화제를 모았다. 멘지스는 14년간의 조사를 통해 콜럼버스의 항해 이전 아메리카 대륙의 존재를 확인해 주는 항해 지도가 있었고, 아메리카 대륙에 중국 선박의 잔해가 존재한다는 등의 이유를 들어 정화가 처음으로 세계 일주 항해를 했다고 주장했다.

정화를 총애했던 영락제 사후 명나라의 해외진출은 끝났다. 유학자들의 환관 세력에 대한 반격이 해상왕국 명나라의 몰락을 재촉했다. 대함대는 정화의 권력기반이었고 정화는 환관세력의 우두머리였다. 유학자들은 수백 척의 함선 제조와 받는 것보다 주는 것이 많은 조공무역으로 인해 국고가 탕진됐다고 환관세력을 공격했다.

이 싸움에서 결국 유학자들이 승리했고 복수의 돛대를 가진 선박으로 항해하는 중국인은 누구든지 해적으로 간주되어 처형됐다. 그리고 유학자들은 항해기록 대부분을 불살랐다. 이후 중국은 국내로 시선을 돌렸고 깊은 잠에 빠졌다. 이 기간 서양은 산업혁명이라는 인류역사상 최고의 경제혁명을 일으키고 서세동점의 세기를 준비하고 있었다.

그러나 정화의 원정은 중국인들에게 새로운 희망을 심어주었다. 대항해의 성공은 일반 중국인들을 해상교역에 뛰어들게 했다. 해상무역에 종사하는 인구가 급증했으며 화교의 인구도 급격히 늘어났다. 그가 오래 살았던 남경에는 삼보항, 삼보탑, 삼보촌 등이 있으며, 인도네시아 화교들은 매년 정화가 처음 기항하던 날을 기념해 정화의 위폐를 모신 삼보공묘三寶公廟를 참배한다. 정화는 갔지만 그가 남긴 발자취는 해외 진출을 꿈꾸는 모든 중국인들에게 나침반이 되고 있는 것이다.

## 근대적 화교 쿨리의 등장

근대적 개념의 화교가 등장한 것은 청조 말기다. 청나라가 아편전쟁에서 패하는 등 왕조 말기에 경제가 어려워지자 대량의 이민이 이뤄졌다. 마침 미국에서 노예제도가 폐지되자 이를 대신할 노동력이 긴요했다. 이에 따라 중국인들이 대거 미국의 광산이나 철도공사 현장에 투입됐다. 그 유명한 '쿨리(coolie)'의 출현이다. 쿨리의 어원은 '쿠리(苦力)'다. 쿨리의 사전적 의미는 힘든 일을 한다는 뜻이다. 이것이 힘든 일을 하는 하층 노동자라는 의미가 됐다. 미국식으로 표현하면 '블루칼라'고 일본식으로 하면 '노가다'이다.

쿨리들은 아프리카 노예무역에 대비해 '쿨리 무역(Coolie Trade)'이라는 말이 생길 정도로 아메리카 대륙에 많이 유입됐다. 쿨리 무역은 '피그 트레이드(Pig Trade)'라는 별칭으로 불리기도 했다. 청나라 사람들이 변발을 한 머리가 돼지꼬리를 연상케 했기 때문이다. 당시 미국에 유입된 중국인 쿨리는 2만 5,000명에 달했으며 이들은 거의 캘리포니아 주에 정착했다.

1949년 공산당이 중국을 해방시키자 자본가들의 대탈출이 이루어졌다. 주로 홍콩, 대만 등지에 둥지를 틀었다. 이들은 공산당에게 재산을 빼앗기고 해외로 망명한 정치난민 성격이 강했다. 해방 이후 중국은 '죽竹의 장막'을 쳤기 때문에 대규모 화교 이동은 없었다.

## 현대적 화교 밴쿠버를 홍쿠버로 바꾸다

그러나 1978년 개혁개방이 시작된 이후 새로운 이민의 물결이 나타났다. 당시에는 특히 '기회의 땅' 미국으로의 이민이 많았다. 1978년 이후 10년간 미국에 약 50만 명의 화교가 유입됐다. 미국의 고용확대정책과 개혁개방 정책이 맞물리면서 현대적 화교가 출현한 것이다. 이 시기의 화교들은 과거 본토 대이동(엑소더스) 때의 화교들과는 전혀 다르다. 새로운 이주민들은 중산층이 주류를 이루며 엔지니어, 의사, 간호사 등 전문직 종사자들이었다.

1989년 천안문 사태와 1997년 홍콩반환도 화교인구의 대이동을 야기했다. 홍콩의 화교들은 1989년 천안문 사태 이후 1997년 홍콩의 중국 반환을 앞두고 대거 미주로 이주했다. 동족을 학살한 공산당이 두려웠고, 그런 공산당이 홍콩을 접수하는 것에 대한 불안감이 최고조에 달했다.

이들은 캐나다, 미국, 호주 등지로 이주했으며 특히 캐나다에 많이 정착했다. 캐나다는 기후가 좋고 미국에 비해 인종차별도 덜하기 때문이다. 더욱이 캐나다는 상속세가 없기 때문에 돈 많은 화교들이 특히 선호했다. 최고의 화상인 리카싱도 상속세가 없는 캐나다로 자신의 개인재산 대부분을 옮겼다. 화교들이 캐나다 밴쿠버로 대거 이동함에 따라 밴쿠버의 인구 200만 명 중 화교가 30만 명에 달해 밴쿠버가 아니라 '홍쿠버(홍콩과 밴쿠버의 합성어)'라는 말도 나오고 있다.

## 화교의 자본형성 과정

화교는 대부분 빈손으로 해외로 나왔기 때문에 쿨리에서부터 시작한다. 그들은 악착같이 돈을 벌어 돈이 모이면 개인사업을 한다. 현지 문화에 익숙지 못한 이들에게 직장생활보다는 개인사업이 여러모로 유리했다. 특히 이들은 대부분 유통업에 종사했다. 초기 투자가 적어도 할 수 있고 화교 네트워크를 이용할 수 있으며 자금회수가 빠르기 때문이다.

화교들은 유통을 장악함으로써 동남아 상품경제를 지배했다. 태평양전쟁 당시 일본은 동남아 각국의 상품경제를 장악한 화교들 때문에 전쟁에서 패했다. 일본이 동맹국(독일·이탈리아)의 일원이 되자 미국은 대일 원유수출을 금지했다. 일본은 원유 및 전쟁 물자를 조달하기 위해 자원이 풍부한 동남아시아를 침공했다. 일본군은 동남아를 순식간에 점령했지만 상품경제를 장악한 화교들이 일본에 협조하지 않았기 때문에 결국 패배의 쓴잔을 마셔야 했다. 화교들은 오히려 중국 대륙에서 항일 전쟁을 벌이고 있던 국민당과 공산당에 막대한 군자금을 지원했다.

특히 제2차 세계대전 이후 동남아 화교들은 급격하게 재산을 불렸다. 식민지 시대가 끝나면서 서구열강이 철수했고 이 와중에 소유권에 급격한 변화가 일어났다. 동남아는 화교가 경제를 지배하고 있었기 때문에 전쟁이 끝나자 대부분의 재산이 화교의 손에 떨어져 있었다.

상품시장을 장악한 화교들은 다음 단계로 부동산에 진출했다. 대부분 화교들은 부동산 투자로 대박을 터트렸다. 화상 중 최고의 갑부인 리카싱이 화교자본 형성의 교과서적 모델이다. 찻집의 사환으로 출발한 그는 플라스틱 조화 사업으로 성공해 초기자본을 축적한 뒤 부동산 임대업에 진출해 거대한 부를 축적했다.

최근에는 인프라 개발에도 적극 참여하고 있다. 원래 인프라 투자는 화교들이 선호하지 않는 분야였다. 투자액이 크고 자금 회수 기간이 길기 때문이다. 그럼에도 인프라 투자가 증가하고 있는 것은 사업 자체의 수익성보다는 주변 지역의 부동산 개발권을 획득할 수 있고 개발지역의 정부와 우호적인 관계를 맺음으로써 특혜를 받을 수 있기 때문이다. 실제로 리카싱은 중국의 항만 인프라 건설에 적극 참여해 베이징 권부와 친분을 쌓음으로써 중국 동부 연해의 항만운영권, 부동산 개발권 등 막대한 이권을 챙겼다.

# 화교의 특징

　화교는 기본적으로 지연을 바탕으로 하는 동향자 집단이다. 이들은 출신지 별로 네트워크를 만들고 이 네트워크 안에서 모든 것을 해결한다. 특히 한국의 '계'와 비슷한 현금 융통 시스템이 발달해 있어 사업자금을 동향자 집단 내에서 손쉽게 조달할 수 있다. 이들의 네트워크는 철저히 점조직으로 이뤄져 있어 같은 화교일지라도 다른 파벌의 인맥을 정확히 모른다. 이 조직의 정점에 삼합회가 있다.

　적수공권赤手空拳으로 해외에 나간 이들은 상상을 초월하는 노동과 초인적 절약으로 자본을 축적해 자신의 사업을 시작한다. 이들은 동양사회에서 권력의 후원 없이는 돈을 벌 수 없다는 것을 일찍 깨닫고 현지 정치권을 구워삶는 비법을 개발해 현지의 경제를 독점했다. 또한, 경제 독점의 부작용으로 현지인의 반발이 분출할 수 있기 때문에 언제든지 도망갈 수 있도록 자금을 은닉하는 데 탁월한 재주를 가지고 있다.

## 화교삼도와 혈연·지연·업연의 3연

'화교삼도華僑三刀'라는 말이 있다. 중국인이 해외에 나갈 때 가지고 가는 세 개의 칼이라는 뜻이다. 인간 생활에 가장 필요한 것이 먹고 입고 이발하는 것이다. 중화요리점의 부엌 칼, 양복점의 재단 칼, 이발소의 머리 깎는 칼을 화교삼도라고 한다. 화교는 세 가지 칼을 바탕으로 중화요리점, 세탁소, 이발소를 운영하며 현지에 정착했다. 이들은 쉬지 않고 일하고 열심히 저축해 창업에 필요한 종자돈을 모았다. 최소한의 자본만 모이면 곧바로 창업을 했다.

화교는 혈연血緣·지연地緣·업연業緣이라는 3연 관계로 연결돼 있다. 3연에 기초한 각종 화교단체의 활동으로 화교 네트워크가 형성됐다. 이 중 가장 중요한 것이 동향관계다. 한 사람이 성공하면 주위에 동향출신이 모여들고, 이들의 초청으로 중국에서 새로 이민이 유입돼 동향자 군(지연)이 형성되면 여기에서 사교, 정보교환 등이 이뤄진다. 중국인이 해외로 이주하는 경우 동향의 선배 또는 친척에 의지하기 때문에 그들은 대부분 같은 직업(업연)에 종사한다. 또 같은 직업에 종사하면서 결혼을 통해 인척(혈연) 관계를 맺는다.

## 삼합회

화교 조직을 상징적으로 보여주는 것이 삼합회三合會이다. 삼합회는 정성공鄭成功 시대까지 올라간다. 정성공은 명말청초, 대만을 근거지로 반청복명(反淸復明, 이민족인 청나라를 멸하고 한족 왕조인 명나라를 부활시키자는 뜻) 운동을 벌이면서 해외 화교사회의 영웅이 됐다. 당시 정성공은 삼합회라는 비밀결사를 결성하고 조직적으로 청조에 저항했다.

삼합회는 천지인을 의미하며 '천지회' 또는 '삼화회'라고도 부른다. 삼합회는 일본의 야쿠자처럼 강도, 납치, 인신매매, 마약밀매, 보호비 징수 등을 자행했다. 그러나 본토에서 이민 온 화교들을 보호하는 역할을 했다. 본토는 화교들을 반역자로 치부했고 현지에서는 화교라는 이유만으로 차별을 받았다. 삼합회는 이런 화교들의 '수호천사'였다.

삼합회는 대부라고 불리는 우두머리가 있다. 대부는 본토 또는 홍콩, 싱가포르 등지에 거주한다. 이들은 절대적인 영향력을 행사한다. 대부의 영향력을 잘 보여주는 사례가 프랑스에서 발생한 한 에피소드다. 프랑스 파리에 살고 있는 화교는 대부분 저장(浙江)성 출신이다. 이들은 나치 점령시절 유태인이 살았던 파리의 '게토'에 모여살고 있었다. 1993년 이권을 두고 파리의 화교들 사이에서 격렬한 싸움이 벌어졌다. 프랑스 경찰조차 적극 대처하지 못하고 전전긍긍하고 있었다. 그때 본토로부터 대부가 날아왔다. 치열하게 싸우던 파리의 화교들이 일순간 조용해졌다. 다음날 현지 신문은 "대부의 신비한 마술이 펼쳐졌다."고 보도했다.

## 특유의 신용제도와 가족경영

화교들은 문화적 동질성과 같은 방언을 쓰기 때문에 외부 기관의 도움 없이도 계약의무를 감시할 수 있는 내부 시스템을 갖추고 있다. 화교들 간에는 개인의 말 한마디가 곧 신용이다. 자신의 약속을 지키지 못할 경우, 그 사실이 순식간에 화교사회에 알려지면서 그는 동업자 집단에서 곧바로 제외된다. 이러한 기제에 의해 화교 사회의 신용이 유지된다. 이에 따라 담보 없이도 자본조달이 가능하다. 화교 사회 특유의 시스템은 대출금 상환율을 높여 원활한 자금 융통을 가능케 했다.

동양은 전통적으로 개인의 명예보다는 가족의 명예를 중시한다. 가문의 명성은 신용상태를 표시하는 것이기도 하다. 따라서 중앙집권적 의사결정이 이뤄진다. 또 가부장적 문화를 갖고 있다. 화교기업은 불황 시에도 직원을 해고하지 않는다. 이러한 관행은 화교 고용주와 종업원 사이의 장기적인 인간관계를 형성케 했으며, 연공서열식 승진 관행은 이를 뒷받침한다.

가업상속도 장남이 가업을 계승한다는 원칙 아래 이루어진다. 따라서 화교기업 중 자본시장에 공개된 기업은 많지 않다. 비공개 원칙이 지켜지기 때문에 사업상 내부 기밀이 잘 새어

나가지 않는 장점이 있으나 이 같은 폐쇄성은 글로벌 기업으로 성장하는 데 걸림돌이 되고 있다.

## 현지적응과 재산은닉의 귀재

화교들은 정치적 후원을 얻어내는 데 탁월한 기교가 있다. 또 까다롭기 그지없는 거류지 국가 정부로부터 독점적인 권한을 따내는 비법을 터득하고 있다. 사실 이들은 중국에 있을 때부터 정치권과 결탁해 치부致富에 성공하곤 했었다. 아시아에서 뇌물과 권력가의 후원 없이 성공하는 것은 사실상 불가능하다. 화교는 이 같은 점을 일찍 간파하고 카멜레온처럼 현지에 잘 적응했다.

화교들은 재산은닉을 조금도 창피하게 생각하지 않는다. 언제 무슨 일이 생기면 곧바로 도망갈 준비가 돼 있어야 하기 때문이다. 오히려 재산이 몰수당하는 일을 막기 위해 해외로 재산을 빼돌리는 것을 자랑스럽게 생각한다. 현재 전 세계 통화량의 60%가량이 해외에 은닉된 것으로 추정되는데, 이 중 상당 부분이 화교들의 것이다.

# 화교의 4대 파벌

화교집단은 지연에 의해 분류된다. 더 정확히 말하면 방언으로 분류된다. 중국에는 수십 수백 개의 방언이 있다. 각 지방의 방언은 서로 의사소통이 안 될 정도로 큰 차이가 난다. 예컨대, 광둥 사람들이 베이징어를 배우는 데 꼬박 1년이 걸린다. 여러 방언에도 중국이 통일 국가를 유지하고 있는 것은 문자가 고정돼 있기 때문이다. 말은 다르지만 문자가 같기 때문에 필담을 하면 의사소통에 지장이 없다. 한국에서는 중국을 최초로 통일한 진의 시황제를 폭군이라고 평가하지만 중국인들은 시황제를 역대 최고의 황제로 평가한다. 그가 대륙을 통일했을 뿐만 아니라 문자를 통일해 중화민족의 기틀을 닦았기 때문이다.

유럽은 중국보다 훨씬 작지만 수십 개 국가로 갈라져 있다. 표음문자를 쓰기 때문이다. 표음문자는 발음에 따라 문자도 변하기 때문에 오랜 시간이 지나면 발음은 물론 문자까지 달라져 의사소통이 되지 않는다. 그러나 표의문자는 오랜 세월이 지나도 문자가 변하지 않는다. 따라서 의사소통에 지장이 없다. 언어학자들은 유럽이 여러 개 국가로 쪼개진 데 비해 중국이 일국체제를 유지하고 있는 가장 큰 원인을 표음문자인 알파벳과 표의문자인 한자의 차이로 설명한다.

　중국은 진시황이 문자를 통일한 이후 문자가 고정됐다. 그러나 말까지는 통일이 되지 않았다. 그런데 말을 통일 시킨 황제(?)가 바로 공산 중국을 연 마오쩌둥이다. 공산당은 공산당 교리를 효과적으로 선전하기 위해 말의 통일이 시급했다. 이에 따라 수도인 베이징어를 토대로 보통화라는 표준어를 정하고 전국에 보급했다. 공산당의 가장 큰 업적이 말의 통일이라고 주장하는 학자도 있다.

　실제로 중국을 여행할 때 보통화를 쓰면 어디에서나 의사소통이 가능하다. 같은 지방 사람끼리 이야기 할 때는 그 지방의 방언을 쓰지만 외지인과 대화할 때는 보통화를 쓴다. 필자도 젊은 시절 배낭 하나 달랑 매고 중국 대륙을 6개월 정도 돌아다녔다. 당시 의사소통에 전혀 어려움이 없었다. 사람들과 대화를 할 때 보통화만 쓰면 문제가 없었다. 장거리 기차 여행을 할 때, 대부분 중국인들은 "사투리가 심하다."며 고향이 어디냐고 물어온다. 한국인이라고 하면 깜짝 놀란다. 필자가 중국어를 잘한다기보다는 방언이 너무도 다양하기 때문에 외국인이라고 미처 생각하지 못한 것이다. 한국같이 좁은 나라도 경상도 방언과 전라도 방언이 뚜렷이 다른데, 한국보다 55배나 큰 나라라고 생각하면 방언의 차이가 어느 정도일지 짐작할 수 있을 것이다.

외국에서 한국 사람을 만나면 아주 반갑다. 특히 같은 사투리를 쓰는 동향 사람을 만나면 그 반가움은 몇 배가 된다. 화교도 마찬가지다. 이역만리 타향 땅에서 동향 사람을 만나면 얼마나 반갑겠는가! 이처럼 중국의 주요 화교집단은 방언집단과 정확히 일치한다.

중국은 양자강을 기준으로 북부와 남부로 나뉜다. 중국에는 "북부사람들은 권력으로 돈을 벌려하고, 남부사람들은 돈으로 권력을 사려 한다."는 속담이 있다. 북부인들은 정치적 동물이고, 남부인들은 경제적 동물이라는 뜻이다. 따라서 화교는 남부인들이 압도적으로 많다. 남부인들에게 가장 중요한 것은 돈을 버는 것이기 때문에 돈을 벌기 위해서 이역만리 외국 땅으로 나가는 것도 마다하지 않았다. 또 지리적으로도 북부보다는 남부가 개방돼 있어 해외로 나가기가 쉬웠다.

화교의 4대 파벌은 광둥(廣東)방, 푸지엔(福建)방, 차오저우(潮州)방, 객가(客家)방이다. 하이난(海南)방을 넣어 5대, 또는 상하이(上海)방을 넣어 6대 화교집단이라고도 한다. 하지만 하이난방과 상하이방의 세력이 상대적으로 약하기 때문에 보통 4대 파벌을 일컬을 때는 제외된다.

4대방은 모두 광둥성과 푸지엔성에 집중돼 있다. 특히 광둥성과 푸지엔성에 위치한 4대강 유역에 밀집해 있다. 4개의 강 중 3개는 푸지엔성에 있다. 푸지엔성의 성도인 푸저우(福州)를 가로 지르는 민강閩江, 샤먼(廈門) 부근의 구룡강九龍江, 푸지엔성이 발원지이지만 광둥성 산터우(汕頭)에서 끝나는 한강韓江 등이다. 나머지 하나가 광둥성의 성도 광저우(廣州)를 가로 지르는 주강珠江이다. 산터우는 해방 후 광둥성으로 귀속됐지만 한강을 통해 푸지엔성와 연결돼 있다. 이 같은 지리적 특성으로 광둥성보다는 푸지엔성에 가까운 문화를 가지고 있다.

## 광둥방, 화교 최대 파벌

주강을 중심으로 하는 광둥방은 화교 최대 세력이다. 광둥방이 전체 화교의 60% 정도를 차지한다. 동남아 각지에 흩어져 있지만 미국에 가장 많이 거주하고 있다. 캐나다, 미국 등 미주에 분포하고 있는 화교의 80%가 광둥방이다. 광둥방이 미국 화교 사회의 주류이기 때문에 대부분 중국 관련 영어가 광둥어에서 유래했다.

중국의 2대 방언을 들라면 북경어인 '만다린(Mandarin)'과 광둥어인 '캔토니스(Cantonese)'를 들 수 있다. 만다린의 어원은 '만주런(滿洲人)'이다. 만주인들이 쓰는 말이라는 뜻이다. 만주족이 중원을 정복해 청조를 열었기 때문에 만주인이 쓰는 말이 표준어가 됐다. 따라서 베이징에서 쓰는 표준어를 만다린이라고 한다. 이에 비해 캔토니스는 '캔톤(廣東의 광둥식 발음)' 사람들이 쓰는 말로 남부의 대표적인 방언이다. 수도 베이징의 만다린이 관화官話인데 비해 상업이 발달한 광동지방의 캔토니스는 대표적인 상용어다.

초기 미국 이민의 대부분이 광둥성 출신이었기 때문에 광둥식 발음이 영어화 된 것이 많다. 북경北京은 만다린으로는 베이징이라고 발음하지만 광둥어로는 피킹이라고 발음한다. 남경南京도 만다린으로는 난징, 광둥어로는 난킹이라고 발음한다. 펄 벅 여사의 작품인 『베이징으로부터의 편지』도 'Letter from Beijing'이 아니라 'Letter from Peking'이다. 그리고 유명한 남경대학살도 영어로는 'The rape of Nanking'이다.

## 푸지엔방, 대만 화교의 요람

푸지엔방은 푸지엔성 출신 그룹으로 대만과 마주하고 있기 때문에 대만에 가장 많이 살고 있다. 푸지엔성은 푸저우를 관통하는 민강을 중심으로 북쪽의 민북어閩北語를 사용하는 그룹과 남쪽의 민남어閩南語를 사용하는 그룹으로 나뉜다. 민북지방은 땅의 질이 좋아 농사만으로도 충분히 먹고 살 수 있었다. 그러나 민남 지방은 땅이 좁고 척박해 농사로는 먹고 살수 없었다. 따라서 이들은 바다에 의지할 수밖에 없었다. 민남지방에는 사내가 열셋이 되면 장사를 시작해야 한다는 말이 있다. 푸지엔방은 대부분이 민남 지역 출신이고 민남어를 사용한다. 이 그룹의 메카가 샤먼이다.

화교의 영웅인 정화가 쓰던 방언이 푸지엔 방언이며 정화는 샤먼을 자신의 함대 기지로 사용했다. 그리고 또 다른 화교 영웅인 정성공도 푸지엔 출신이며 샤먼이 그의 근거지였다. 따라서 푸지엔계 화교들은 자부심이 대단하다.

## 차오저우방, 가장 강력한 신디케이트

차오저우방은 광둥성 동부에 위치한 산터우 출신으로 태국, 싱가포르, 말레이시아, 홍콩에 많이 분포돼 있다. 한강을 중심으로 하는 그룹이다. 한강은 푸지엔성에서 발원해 광둥성에서 끝나기 때문에 산터우는 광둥성과 푸지엔성 어디에도 속하지 않는다. 독특한 그들만의 문화를 간직하고 있고 언어도 그들 고유의 차오저우어를 사용한다. 차오저우는 산터우와 가까운 곳으로 1,000년 동안 이어져온 유명한 항구다. 푸지엔방의 샤먼만큼이나 유서 깊은 항구이다. 산터우 출신들은 차오저우 항의 역사성이 있기 때문에 자신들을 산터우방이라고 하지 않고 차오저우방이라고 부른다.

차오저우방은 방에 대한 충성심과 결속력이 유달리 강해 화교 파벌 중에서도 가장 강력한 네트워크 가졌다는 평가를 받고 있다. 이들은 특유의 강력한 네트워크로 많은 화교 거상을 배출했다. 최고의 화상인 홍콩의 리카싱이 바로 차오저우방이다. 홍콩에 있는 차오저우 회관은 차오저우방의 총본산이며 이들의 구심점이다.

차오저우방은 산터우 지역의 일곱 개 현을 중심으로 한 일곱 개 신디케이트가 모여서 이루어진다. 특히 메이(梅)현, 청하이(澄海)현, 차오양(朝陽)현 신디케이트가 유명하다. 이 중에서도 차오양현 신디케이트가 가장 강력하다. 이들은 미얀마 국경지역의 이른바 '황금의 삼각주'에서 나오는 마약의 유통을 장악해 연간 수천억 달러를 주무른다. 차오저우방은 마약의 유통을 장악함으로써 화교 4대 파벌 중에서도 가장 강력한 파벌로 부상할 수 있었다.

## 객가, 화교의 원조

객가는 중국의 유태인이라고 불릴 정도로 화교 중의 화교다. 특히 정치 엘리트를 많이 배출했다. 신중국의 아버지 쑨원을 비롯하여, 리덩후이 전 대만 총통, 리콴유 전 싱가포르 총리, 아키노 전 필리핀 대통령이 모두 객가다. 아키노 전 필리핀 대통령은 1988년 중국을 방문했을 때, 푸지엔성에 있는 증조부의 고향을 방문해 화제가 됐었다.

객가에서 객客은 손님 즉 타향사람이라는 뜻이다. 원래 객가는 중국 중원의 엘리트들이었으나 왕조교체기의 권력투쟁에서 패했거나 기근, 자연재해 등을 피해 남쪽으로 이동한 집단이다. 남하한 이들은 이미 그 지역에 자리 잡고 있던 부족들과 대립 투쟁을 거듭하면서 광둥성, 푸지엔성을 중심으로 서쪽으로는 쓰촨(四川)성, 동쪽으로는 대만, 남쪽으로는 하이난성까지 퍼졌다. 송나라 시대에 광둥 일대의 호적을 정리하면서 원주민을 주가主家, 나중에 유입된 사람들을 객가客家로 분류한 데서 객가란 말이 비롯됐다.

주가는 토지가 있기 때문에 정주생활을 했지만 객가는 토지가 없어 남자는 돈 벌러 객지에 나갔다. 그리고 현재의 어려운 상황을 극복하기 위해 교육에 목숨을 걸었다. 따라서 객가는 중국의 어느 민족보다도 교육 수준이 높다. 또 일반적으로 중화민족이 보수적인데 비해 객가는 진취적이고 개혁적이다. 특히 혁명기에는 객가의 활약이 두드러진다.

객가는 중국 내에서 이동했지만 문화가 다르고 방언이 다른 곳에 정착해야 했기 때문에 외국으로 이주한 것과 다를 바가 없었다. 광둥성 등지에 정착한 이들은 돈을 벌기 위해 가장 먼저 해외로 나갔다. 이 같은 연유로 이들을 '화교의 원조' 또는 '화교 중의 화교'라고 부른다. 실제 화교의 특성이 대부분 객가의 특성에서 비롯됐다고 해도 과언이 아니다.

이들은 객가어를 쓴다. 객가客家는 베이징어로는 '커자', 객가어로 '하카'라고 발음한다. 따라서 서방에서는 객가를 'Haka'라고 표기한다. 경제만으로는 차오저우방이 가장 강력하지만 객가는 경제는 물론이고 정치계에서도 두각을 나타내고 있기 때문에 중화민족 중 가장 우수한 집단이라는 평가를 받고 있다.

# 중화경제의 리더들

## 전 세계 화교의 대부, 룽이런

덩샤오핑은 흰 고양이든 검은 고양이든 쥐만 잘 잡으면 된다는 이른바 '흑묘백묘론黑描白描論'을 들고 나오며 개혁개방을 선언했다. 이후 중국은 비약적인 발전을 거듭해 세계 유일 초강대국 미국을 제칠 유일한 나라로 자리매김됐다. 중국의 오늘이 있게 한 원동력이 바로 개혁개방이다.

덩샤오핑이 개혁개방을 선언한 해가 1978년이다. 따라서 2008년은 올림픽의 해이기도 하지만 개혁개방 30주년이다. 개혁개방 30년, 중국의 경제 발전을 수치로 살펴보면 '경이적' 이라는 단어 이외에 표현할 말이 없다. 1978년 중국의 GDP는

462억 달러에 불과했다. 2007년 중국의 GDP는 3조 2,508억 달러다. 개혁개방 이후 중국의 GDP가 70배 정도 는 셈이다. 무역규모 역시 1978년에는 200억 달러에 불과했다. 2007년 현재 중국의 무역규모는 2조 달러에 육박해 미국에 이어 세계 2위다. 개혁개방 이후 무역규모는 무려 100배나 증가했다. 1978년 거의 제로였던 외환보유액은 2006년 1조 달러를 돌파하고, 2008년 3월 현재 1조 7,000억 달러를 기록하고 있다. 제2차 세계대전 이후 수십 년 동안 1위를 지켜왔던 일본(1조 달러)을 크게 앞서고 있다. 지구상에서 GDP, 수출, 외환보유액 모두 1조 달러를 돌파한 나라는 중국밖에 없다. 중국은 개혁개방 30년 만에 세계경제의 변방에서 세계경제의 핵심으로 부상한 것이다.

그 개혁개방의 삼총사가 덩샤오핑, 주룽지 전 총리, 룽이런(榮毅仁)이다. 개혁개방이란 비전을 제시한 덩샤오핑을 '개혁개방의 총설계사'라고 한다면 그 비전을 실천한 주룽지 전 총리를 '개혁개방의 CEO'라고 할 수 있다. 그리고 개혁개방 이념을 해외 화교사회에 전파한 룽이런을 '개혁개방의 전도사'라고 할 수 있다.

집권과 함께 개혁개방에 시동을 건 덩샤오핑은 보수파에 의해 개혁개방 노선이 밀릴 때마다 '남순강화' 등의 퍼포먼스를 펼치며 개혁개방에 박차를 가했다. 남순강화는 1989년 천안문 사태 이후 보수파의 반발로 개혁개방이 주춤해지자 1992년 덩샤오핑이 노구를 이끌고 선전(深圳) 등의 남부지방을 돌며 또

한 번 개혁개방을 외침으로써 중국을 다시 발전 도상에 올려 놓은 사건이다.

개혁개방의 집행자 주룽지는 과열된 중국경제를 연착륙시켜 중국이 장기간 고성장 하는 발판을 마련한 인물이다. 중국은 급격한 경제성장의 부작용으로 1990년대 초반 고인플레이션(물가상승)을 경험하게 된다. 당시 고인플레이션을 잡고 중국경제를 고성장 저인플레이션 구조로 정착시킨 장본인이 바로 주룽지 전 총리이다. 주룽지 총리의 성공으로 중국은 1990년대 후반부터 저물가 속에 연간 10% 내외의 고속성장을 지속하고 있다. 이 같은 공로로 중국인들은 주룽지 전 총리를 독일의 철혈재상 비스마르크에 비유하고 있으며, 서방 언론도 '중국의 경제 짜르(China's Economic Czar)'라고 부르고 있다.

2005년 10월 26일 89세의 나이로 타계한 룽이런은 개혁개방의 전도사다. 덩샤오핑이 개혁개방을 선언하고 제일 먼저 한 일이 상하이의 민족자본가인 룽이런을 발탁한 일이다. 1978년 집권에 성공한 덩샤오핑은 이듬해 상하이의 대표적 자본가인 룽이런을 베이징으로 불렀다. 덩샤오핑은 화교 및 서양의 자본을 끌어 들이기 위해 중국이 '죽의 장막'을 걷어내고 진정한 개혁개방에 나섰다는 것을 세계에 보여줄 필요가 있었다. 덩샤오핑이 룽이런을 개혁개방의 얼굴마담으로 선택한 것이다.

상하이 인근인 우시(無錫) 출신인 룽이런 집안은 아버지인 룽더셩(榮德生)이 상하이로 근거지를 옮긴 이후 상하이의 토착 재벌이 됐다. 상하이에서 차로 두 시간 정도 떨어진 우시는 예로부터 상인의 고향으로 유명하다.

룽이런 가문은 이미 그의 조부인
룽시타이 때 운송업으로 상당한 재산
을 축적했다. 그러나 룽시타이는 젊은
나이에 병으로 사망했다. 졸지에 아버
지를 잃은 두 아들 룽더셩과 룽중징(룽
이런의 백부)은 홀어머니 밑에서 어렵게

개혁개방의 전도사, 룽이런

자랐다. 그들은 돈을 벌기 위해 열 살을 갓 넘긴 나이에 인근
대도시인 상하이로 갔다.

룽씨 형제는 전당포를 차리고, 밀가루공장과 면사공장을 세웠
다. 사업은 나날이 번창해 두 형제는 '밀가루대왕'이라는 별명과
함께 '면사대왕'이라는 별명까지 얻었다. 그러던 중 1937년 중
일전쟁이 터졌다. 상하이는 물론 남경까지 점령한 일본군은
이들 형제의 공장을 몰수했다. 두 형제가 하루아침에 빈털터
리가 된 것이다. 일본군에게 공장을 뺏기자 룽중징은 홍콩으
로 도망갔으나 룽더셩은 고향을 지켰다.

1945년 일본의 패망으로 제2차 세계대전이 끝났다. 룽더셩
은 71세의 노구를 이끌고 폐허가 된 밀가루공장 재건에 나섰
다. 영국에서 새로 기계를 도입해 당시로서는 최첨단 공장을
만들었다. 방직공장도 다시 가동했다. 하루 12시간씩 일한 결
과, 공장은 다시 돌아가지 시작했다.

이때 룽이런은 29세였다. 젊지만 아버지가 너무 나이가 들
었기 때문에 사업을 물려받을 수밖에 없었다. 룽이런은 탁월

한 상재를 바탕으로 벌인 사업마다 성공을 거뒀다. 덕분에 상당한 호사를 누렸다. 자동차는 미제 세단인 '뷰익'을 타고 다녔고, 상하이의 대저택에는 중국요리와 서양요리 주방장이 따로 있었으며, 집안 곳곳에는 골동품과 유명화가의 그림이 즐비했다.

1949년 공산당이 국공내전에서 승리하자 중국에 공산당 정부가 들어섰다. 다른 자본가들은 모두 홍콩이나 대만으로 도망갔으나 룽이런은 그의 아버지처럼 상하이를 지켰다. 그리고 중국 공산당에 모든 재산을 헌납했다. 중국 공산당의 룽이런의 뜻을 가상히 여겨 그에게 '붉은 자본가(Red Capitalist)'라는 칭호를 내렸다. 그는 마오쩌둥의 특별지시로 1957년 41세의 나이로 상하이 부시장에 발탁됐다. 이후 그는 방직공업부 부부장(차관)으로 영전했다.

그러나 1966년 문화대혁명의 바람이 불어 닥쳤다. 문화대혁명은 대약진운동 등 경제정책에 실패한 마오쩌둥이 실각 위기를 느끼자 정적들을 제거하기 위해 벌인 일종의 정치 사기극이었다. 이때 덩샤오핑을 비롯한 중국의 지도자, 경제인들이 대거 실각했다. 2,000만 명이 정신개조를 위해 도시에서 농촌으로 하방됐다. 룽이런도 그 중 한 사람이었다. 룽이런은 자본가의 상징이라며 홍위병들에게 구타를 당하는 등 이루 말할 수 없는 고초를 겪었다.

절치부심의 세월을 보내고 있던 룽이런에게 다시 기회가 왔다. 1978년 덩샤오핑이 사인방과의 치열한 권력투쟁 끝에 결국 권좌에 복귀한 것이다. 덩샤오핑은 집권과 함께 곧바로 개혁개방을 선언했다. 개혁개방을 선언했던 덩은 개혁개방을 해외교포사회에 선전할 사람이 필요했다. 룽이런은 상하이의 대표적 자본가 출신인데다 상하이의 세인트존스 대학을 졸업해 영어에도 능통했다. 게다가 룽이런이 뜨면 전 세계 화교계가 들썩인다는 말이 있을 정도로 룽씨 집안은 해외 화교사회에 막강한 네트워크를 구축하고 있었다. 사실 덩샤오핑이 노린 것은 화교자본이었다. 막상 개혁개방을 선언했지만 돈이 없었던 중국 공산당에 화교자본은 생명줄과 같은 것이었다.

덩샤오핑은 화교자본을 끌어들이기 위해 룽이런에게 투자 자문사 설립을 권했다. 룽이런은 덩샤오핑의 후원으로 1979년 10월 상하이에 자본금 3억 위안, 직원 30명으로 중국국제투자신탁공사(CITIC, 시틱)를 설립한 뒤 스스로 초대 이사장이 됐다. 시틱은 개혁개방으로 탄생한 중국 최초의 민영기업이었다. 화교들은 중국이 개혁개방을 단행하자 시틱을 통해 중국에 막대한 자금을 투자했다. 막상 개혁개방을 선언했지만 돈이 없었던 중국 공산당에게 화교 자본은 가뭄의 단비였고, 중국은 화교의 자본을 바탕으로 빠른 경제 성장을 할 수 있었다.

룽이런은 공산 중국에 화교자본을 끌어들인 공로로 1993년 제8기 전국인민대표자대회(전인대, 한국의 국회에 해당)에서 국가 부주석으로 선출됐다. 당시 전인대에서 장쩌민 국가 주석은 "자본가인 룽이런을 부주석으로 선출한 것은 중국이 전 세계를 향해 개혁개방 정책을 변함없이 밀고 나갈 것임을 천명한 것"이라고 말했다. 1997년 7월 1일 홍콩이 중국에 반환됐다. 그 기념식의 영국 측 대표는 찰스 황태자였고, 중국 측 대표는 룽이런 중화인민공화국 부주석이었다.

룽이런의 아들 룽즈젠(榮智健, 미국명 래리 룽)도 홍콩에서 거부의 반열에 올랐다. 룽이런은 시틱이 성공하기 위해서는 홍콩에 지사를 설립해야한다고 믿고 아들 래리 룽을 홍콩에 파견해 시틱 홍콩 지사를 설립케 했다. 이후 홍콩의 화교자본은 시틱 홍콩지사인 시틱 퍼시픽을 통해 중국에 유입되고 있다.

래리 룽은 시틱 퍼시픽을 성공적으로 운영했을 뿐만 아니라 부동산, 벤처 등 다양한 투자를 통해 엄청난 재산을 모아 '그 아버지에 그 아들'이라는 평가를 받았다. 그는 홍콩에서 자신의 힘만으로 10억 달러 이상을 벌어, 홍콩의 재신 리카싱에 버금가는 거부가 됐다.

## 화상의 최고봉, 리카싱

최고의 화상을 꼽으라면 단연 홍콩의 리카싱이다. 그는 화교 중 최고 갑부인 것은 물론 세계에서도 10위에 해당하는 거부다. 세계적 부호 리스트를 매년 발표하는 미국의 '포브스'가 추산한 결과, 2007년 현재 리카싱의 재산은 180억 달러로 세계 10위다.

홍콩에서 재신이라고 불리는 리카싱은 한마디로 살아 있는 전설이다. 돈 버는 것이 출세하는 것인 화교 사회에서 리카싱은 모든 화교의 우상이다. 홍콩 어린이들 십중팔구는 리카싱처럼 되는 것이 꿈이라고 서슴지 않고 말한다.

리카싱은 한자로 이가성李嘉誠이다. 광둥식으로는 리카싱, 베이징식으로 리쟈청이라고 발음한다. 홍콩반환 이후 일부에서 그를 리쟈청이라고 표기하는 경우도 있으나 홍콩이나 서방 언론은 모두 리카싱(Li ka-shing)이라고 표기한다. 그가 성공한 무대가 홍콩이고 지금도 홍콩에서 사업을 하고 있기 때문이다.

그가 화교사회에서 가장 부자이기도 하지만 그의 인생 자체가 전형적인 화교자본의 축적 과정이기에 그의 '성공 이야기'는 성공한 화상의 전형을 보여준다.

리카싱은 1928년 차오저우 출생이다. 1940년 일본이 중국을 침략하자 부모와 같이 홍콩으로 이주했다. 15세 되던 해에 초등학교 교장이었던 아버지가 별세하자 가족부양을 위해 찻집 사환으로 취직했다. 2년 뒤 17세에는 차 도매상 세일즈맨이 됐고, 18세에는 매니저로 승진했다. 22세 때에 오늘날의 청콩(長江)실업의 모태가 된 청콩 플라스틱을 설립했다.

당시 미국과 유럽에서는 플라스틱 조화 열풍이 불었다. 그는 플라스틱 조화사업을 통해 수천만 달러를 벌었고 청콩 플라스틱은 세계에서 가장 큰 조화업체로 성장했다. 조화사업으로 상당한 자본을 축적한 리카싱은 부동산 시장에 뛰어들었다.

1966년 중국 대륙에 불어 닥친 문화대혁명의 광풍은 홍콩에도 부정적 영향을 미쳤다. 국제정세 특히 중국 정세에 민감한 홍콩의 부동산 가격이 폭락했다. 이때 리카싱은 홍콩은 기본적으로 토지가 좁기 때문에 언젠가는 부동산 가격이 제값을 회복할 것이라고 믿고 닥치는 대로 헐값의 부동산을 사들였다. 얼마 후 홍콩은 빠르게 안정됐고 부동산 가격은 하늘 높은 줄 모르고 치솟았다. 리카싱은 이를 계기로 억만장자의 반열에 오를 수 있었다.

부동산 투자로 대박을 터트린 그는 마흔네 살 때 청콩그룹의 모기업인 청콩실업을 설립했다. 청콩은 장강(長江, 양자강)의 광둥식 발음이다. 장강은 총길이 5,800km로 중국에서 가장 긴 강이며 세계에서도 나일, 아마존에 이어 세 번째로 큰 강이다. 리카싱이 회사이름을 '장강'이라고 한 이유는 모든 지류를 수용하는 장강처럼 큰 기업이 되기를 염원했기 때문이다.

그가 세계적 재벌로 도약한 계기는 1979년 허치슨 왐포아(和記黃浦, Hutchison Whampoa)를 인수하면서부터다. 홍콩 경제계에서는 청콩실업이 영국계 기업인 허치슨 왐포아를 인수한 것을 리카싱이 세계적인 화상으로 부상하게 된 결정적 계기라고 본다. 리카싱이 허치슨 왐포아를 인수한 것은 화상이 영국 식민지하에서 영국계 대기업을 첫 번째로 인수한 것이어서 홍콩은 물론 영국 재계에도 큰 반향을 일으켰다. 허치슨 왐포아는 세계 20개국 42개 항만에 16만 명의 종업

화교의 최고 갑부, 리카싱

원을 거느린 세계 최대의 항만운영업체다. 한국에서도 부산의 컨테이너 항구 2곳과 광양의 컨테이너 항구 한 곳을 운영하고 있다.

세계적 재벌로 도약한 리카싱은 개혁개방 초기인 1980년대 초부터 중국 사업에 뛰어들었다. 그는 화상 중에서 중국 투자에 가장 먼저 뛰어든 선구자였다. 개혁개방 초기 화교들은 중국 공산당의 정책을 반신반의하고 있었다. 주위 사람들이 공산당이 어떻게 마음이 변할지 모른다며 섣부른 투자를 말렸으나 그는 "공산당이 내 재산을 **뺏어간다** 할지라도 결국 내 고향 사람들에게 돌아가는 것이 아닌가?"라며 자신의 길을 걸었다. 리카싱의 과감한 중국 투자는 덩샤오핑을 흡족케 했고, 이후 리카싱은 중국 동남연해 주요 항만운영권과 주요 도시의 부동산 개발권을 독점하다시피 했다.

리카싱이 걸어온 길을 반추해 보면 화교의 자본축적 과정이 그대로 드러난다. 찻집 사환(쿨리)에서 자신의 사업체(청콩 플라스틱)를 설립해 자본을 축적하고 이를 바탕으로 부동산에 진출(청콩실업)해 거액을 모은다. 이후 막대한 자본을 바탕으로 다국적 기업(허치슨 왐포아)을 인수해 세계적 기업으로 발돋움한다. 개혁개방 이후에는 중국에 과감하게 진출해 공산 중국에 종자돈을 제공하고 이에 대한 반대급부로 막대한 대륙의 이권을 따낸다.

기업가로 대성한 리카싱은 인격적으로도 나무랄 데가 없는 사람이다. 리카싱이 플라스틱 조화 공장을 운영할 때의 이야기이다. 폭발적인 수요로 생산량을 늘리기 위해 새 공장 부지를 임대하게 됐다. 그때 한 공장 근로자가 조용히 리카싱에게 말했다. "나는 당신처럼 열심히 일하고 겸손한 사람은 처음 봤다. 하지만 이곳에서 사업을 한 모든 사람이 망했다. 그러니 빨리 떠나라." 그러자 리카싱은 "이미 물량주문은 받은 상태고 새로운 기계도 구입했다. 또 생산을 하지 않으면 바이어는 나를 더 이상 믿지 못할 것이다."라고 말하고 그곳에서 공장을 계속 가동했다. 리카싱은 한 달 만에 1년 치의 임대료와 영업비용을 벌었다. 그 공장부지는 그가 돈을 벌어 새 공장 부지를 사서 떠날 때, 명당이 됐다는 이야기가 전해진다. 지금도 리카싱은 "사람은 운명을 바꿀 수 있다."는 신념을 가지고 있다. 그의 또 다른 좌우명은 "지식은 사람의 운명을 바꾼다."이다.

일찍이 직업 전선에 뛰어들어 정규학교 과정을 이수하지 못한 그는 중고서점에서 교사용 참고서를 사서 읽으며 지식을 넓혔다. 80세의 나이에도 그는 잠자리에 들기 전에 반드시 책을 읽는다. 주로 읽는 책은 역사, 경제, 철학에 관한 것이며 무협지류의 킬링타임용 책은 읽지 않는다고 한다.

그는 시계를 항상 10분 빨리 맞추어 놓는다. 약속시간을 엄수하기 위해서이다. 그는 약속시간을 어기는 사람을 신뢰하지 않는다고 한다. 리카싱은 한화 3만 원 정도의 값싼 세이코 시계를 착용하고 고무 밑창을 댄 7만 원 이하의 구두를 신는다고 한다.

그러나 자선에는 아낌없이 돈을 쓴다. 그는 리카싱 재단을 설립해 각종 기부를 하고 있다. 그가 한 사회 환원의 본보기는 산터우 종합대학 설립이다. 교장 선생님이었던 아버지의 영향을 받아 리카싱은 1981년에 고향인 산터우에 종합대학을 설립했다. 그의 산터우 대학에 대한 애정은 각별하다. 그는 지금까지 한화 약 3,000억 원을 지원했다. 회사의 중역회의는 빠지는 한이 있어도 대학교의 운영위원회는 꼭 참석해 학교의 문제점을 해결한다고 한다.

　　리카싱은 이에 그치지 않고 최근 자신의 재산 3분의 1(60억 달러)을 리카싱 재단에 추가 출연키로 했다. 그는 "세계에서 두 번째로 부자인 워렌 버핏이 빌 게이츠 재단에 300억 달러를 쾌척한 것에 감명 받았다."며 "죽기 전에 재산의 대부분을 자선단체에 출연할 것"이라고 약속했다.

　　그의 이재관을 보면 그가 단순한 장사치가 아니고 일정한 경지에 오른 인물임을 알 수 있다. 그는 중국 CCTV의 '명인 면대면名人面對面'이란 프로그램에 출연해 이재관을 밝혀달라는 질문에 다음과 같이 대답했다.

　　"부귀富貴라는 두 글자는 사실 따로따로 표기해야 한다. 귀해도 가난한 사람들이 많다. 돈이 많아도 귀하지 않은 사람들도 많다. 돈도 많고 귀한 사람은 참으로 드물다. 진정한 부귀는 자기가 벌어들인 금전을 사회를 위해 사용하려는 참된 '속마음(內心)'에 있다. 금전은 하루 만에 엄청 불어날 수도 하룻밤 새 절반이 될 수도 있다. 따라서 진정한 재산은 어느 누구도 가져갈 수 없는 '속마음'에 있다."

## 전 세계 화상의 '멘토', 리콴유

싱가포르의 국부인 리콴유는 엄밀한 의미에서 화상은 아니다. 그러나 싱가포르를 주식회사라고 할 때 그는 싱가포르 주식회사의 회장 겸 CEO다. 2007년 현재 싱가포르의 GDP는 1,613억 달러고 국민은 450만 명이다. 그는 종업원 450만 명에 연간 매출액 1,613억 달러인 싱가포르라는 대기업을 운영하고 있는 셈이다. 싱가포르를 하나의 기업의 친다면 그는 분명 최대의 화상이다.

그는 현재 싱가포르의 고문 장관(Minister Mentor, 총리에게 자문을 해주는 장관)이며 그의 큰아들인 리센룽이 총리를 맡고 있고 리센룽의 부인은 싱가포르 국가 투자기관인 테마섹의 CEO다. 한마디로 싱가포르는 리씨 천하다. 그래서 '싱가포르의 리콴유'가 아니라 '리콴유의 싱가포르'라는 말도 나온다.

리콴유의 영향력은 싱가포르에 한정되지 않는다. 그는 전 세계 화상들의 '멘토(정신적 지주)'라고 할 수 있다. 세계화상대회를 만든 장본인이기 때문이다. 그는 제1회 화상대회를 싱가포르에서 열고 고문에 취임했으며 화상 주소록 발간을 제안했다. 파벌끼리만 어울리던 화교사회를 통일해 전 세계 화교 네트워크를 완성할 발판을 마련한 것이다. 때문에 덩샤오핑 사후 화교사회 전체를 움직일 수 있는 실력자는 오직 리콴유 뿐이라는 평가도 있다. 화상대회를 개최한 리콴유의 뒤에는 덩샤오핑이 있었다는 이야기도 있다. 덩샤오핑이 전면에 나설수 없기 때문에 리콴유를 이용해 화교 네트워크를 한데 묶었다는 것이다.

그는 또 아시아 지도자로는 드물게 국제정치 무대에서 큰 영향력을 발휘했다. 그는 1972년 중국과 미국의 국교정상화 교섭 때 리처드 닉슨 대통령의 자문역을 맡았다. 그는 영국의 최고 명문인 케임브리지 법대를 졸업하고 영국 변호사 자격증을 땄다. 따라서 화교 중 드물게 서구 사회의 최상층부에 접근할 수 있는 인물이었다.

그러나 그는 민족주의적 성향이 강하다. 영국 유학 시절 싱가포르인이 유형무형의 차별을 받는 것을 보고 민족의식에 눈을 떴다. 그는 서구 민주주의에 대한 맹목적 추종을 거부하고 개발도상국의 현실과 동양문화의 토양에 적합한 자주적 정치체제를 만들려고 했다. 그렇게 해서 나온 것이 특유의 '개발독재론'이다. "서구의 민주주의는 아시아의 발전에 맞지 않다. 유교적인 아시아에 있어 발전을 위해서는 개인의 희생을 감수해야 한다."는 것이 개발독재론의 요체다. 이 때문에 그를 독재자라고 혹평하는 사람들도 있다. 2001년 홍콩 최고의 명문 대학인 중문대학에서 리콴유에게 명예법학박사학위를 수여하려 하자 재학생 1,000여 명이 "독재자에게 명예박사학위를 수여해서는 안 된다."며 반대시위를 벌이기도 했다.

그가 일부에서 독재자라는 혹평을 받지만 싱가포르의 눈부신 발전은 그의 개발독재론을 정당화 시켜준다. 리콴유 때문에 "경제발전의 각도에서만 본다면 개발독재처럼 효과적인 것이 없다."는 논리가 성립한다고 해도 과언이 아니다. 공산당 정권만 유지할 수 있다면 자본주의든 사회주의든 상관치 않았던 덩샤오핑에게 싱가포르와 그의 개발독재론은 환상적인 모델이었을 것이다. 덩샤오핑은 개혁개방 이후 리콴유로부터 많은 조언을 받았다고 한다. 리콴유는 화상뿐 아니라 덩샤오핑의 경제 멘토였다.

그는 화교 이전에 싱가포르의 국부다. 따라서 그의 싱가포르에 대한 애정은 각별하다. 덩샤오핑과 리콴유가 처음 만났을 때 덩샤오핑이 "우리 모두 중국인 아닌가!"라고 하자 그는 "나는 싱가포르인"이라고 말했다는 일화는 너무도 유명하다. 자신이 건설한 싱가포르에 대한 무한한 자부심이 묻어 나오는 대목이다.

리콴유는 1923년 9월 16일 싱가포르의 한 객가 집안에서 태어났다. 리콴유는 화교 4세였다. 공부를 썩 잘했던 그는 영어학교인 래플스 중·고등학교(싱가포르를 개척한 영국의 스탬퍼드 래플스 제독을 기념해 설립한 학교)를 수석 졸업하고 싱가포르 최고의 명문인 래플스 대학에 장학금을 받으며 입학했다.

그는 래플스 대학에 재학 중이던 1941년 일본이 싱가포르를 점령하자 학업을 중단했다. 1945년 8월 일본이 제2차 세계대전에서 패망하고 영국군이 다시 싱가포르에 진주했으나 공산주의자의 폭동으로 싱가포르의 정치 상황은 여전히 불안했다. 결국 그는 래플스 대학에 복학하지 않고 영국으로 유학을 떠났다. 런던정경대학, 케임브리지대학 트리니칼리지에서 유학생활을 했다.

세계 화상들의 정신적 지주, 리콴유

그는 나중에 합류한 애인 콰걱추(柯玉芝)와 함께 공부하며 케임브리지 법대를 우수한 성적으로 졸업했다. 콰걱추는 중·고등학교와 대학 시절 리콴유의 최대 라이벌이었으나 결국 리콴유의 부인이 됐다. 리콴유는 영국 변호사 시험에 합격한 뒤 1950년 8월 고향 싱가포르로 금의환향했다.

그는 변호사로 활동하다 정치에 뛰어들었다. 여러 노동조합의 법률고문으로 일하면서 노동관계사건을 주로 수임하던 터라 중국계 하층민의 밑바닥 민심을 얻을 수 있었다. 1959년 5월 그가 당수로 있던 인민행동당이 싱가포르 총선에서 승리를 거두자 그는 싱가포르 총리가 됐다. 그의 나이 불과 35세였다.

총리 취임 후 그는 싱가포르의 고질적인 병폐였던 부정부패를 근절하기 위해 '공직비리조사국'을 설치하고 철저하게 부정부패를 뿌리 뽑았다. 당시 싱가포르의 국가개발부 장관이자 리콴유의 오랜 측근이었던 테체앙은 미화 20만 달러의 뇌물을 받은 혐의로 경찰의 조사를 받자 자살로 생을 마감했다. 대신 유능한 인재의 공직 진출을 유도하고 공무원들이 부정부패의 유혹에 넘어가지 않도록 파격적인 수준으로 급여를 인상했다. 이후 싱가포르는 아시아권에서 드물게 청렴한 나라의 대명사가 됐다.

그는 또 외국 기업을 적극적으로 유치해 일자리를 창출했다. 자원과 자본이 없고 인구만 넘쳐나는 싱가포르의 현실에서 해외투자유치가 최선의 방책이라고 판단했기 때문이다. 싱가포르 항만공사(PSA)를 설립해 세계 일류 수준의 컨테이너 항구를 건설했고 동남아 물류 허브인 창이 국제공항을 건설했다.

장기적인 안목으로 과감한 투자를 한 그 때문에 싱가포르는 홍콩과 어깨를 나란히 하는 동남아 물류 중심지로 거듭났다. 25년간 싱가포르의 총리를 역임했던 리콴유는 1990년 고촉동에게 총리자리를 물려주었다. 그가 1965년 초대 싱가포르 총리로 취임했을 때 싱가포르의 1인당 GDP는 500달러였다. 그가 총리 자리에서 물러나던 1990년의 1인당 GDP는 1만 2,200달러였다. 2007년 현재 싱가포르의 1인당 GDP는 3만 5,000달러다.

지금도 그의 왕조는 계속되고 있다. 2004년 8월 12일, 리콴유의 뒤를 이어 싱가포르의 총리로 재임했던 고촉동이 물러나고 새로운 총리로 리콴유의 첫째 아들인 리셴룽이 취임했다. 리셴룽은 영국 케임브리지대학과 미국 하버드대학에서 교육을 받았으며 그동안 싱가포르 공군 준장, 싱가포르 재무장관, 부총리 등 요직을 두루 거치면서 풍부한 행정경험을 쌓았다

리콴유가 건설한 화교의 낙원 싱가포르, 그 미래는 더욱 밝

다. 남중국에 위치한 홍콩은 중국밖에 커버하지 못하지만 싱
가포르는 중국과 인도의 한가운데인 말레이반도 남단에 위치
하고 있어 친디아(Chindia, 중국+인도)를 모두 커버할 수 있다. 홍
콩인구 중 인도계는 1% 내외지만 싱가포르는 인구의 9%가
인도계다. 형식상의 국가수반이지만 나단 싱가포르 대통령은
인도계다. 싱가포르는 21세기 친디아의 시대에 가장 유리한
지정학적 위치를 점하고 있는 것이다.

## 마카오의 도박왕, 스탠리 호

스탠리 호는 마카오 카지노 사업을 독점해 '마카오의 도박
왕'이라고 불린다. 중국명은 하홍영何鴻燊이며, 1921년 홍콩
에서 중국인 아버지와 포르투갈인 어머니 사이에서 태어났다.
그의 아버지 하세광은 유명한 상인이었기에 그는 유년시절 고
생을 모르고 자랐다.

그러나 그가 열세 살 되던 해에 아버지의 사업이 실패해 가
세가 기울었다. 아버지는 두 형을 데리고 베트남으로 야반도
주해 그는 어머니와 단 둘이 홍콩에 남겨졌다. 어머니마저 폐
결핵으로 숨지자 그는 고학으로 홍콩대학에 입학했다. 대학
2학년 때 일본이 홍콩을 강점하자 학업을 그만 두고 당시 중
립을 선언했던 포르투갈령 마카오로 갔다. 마카오의 한 무역
공사에서 일을 하던 그는 성실성과 일본어 실력을 바탕으로
금방 두각을 나타냈으며 마카오에 남아도는 소형선박이나 발

전기를 중국으로 싣고 가 양곡과 교환했다. 전쟁 때문에 곡물 가격은 하늘 높은 줄 모르고 치솟았고 그는 큰돈을 벌 수 있었다.

그러던 그에게 천재일우의 기회가 왔다. 도박업 진출의 기회가 열린 것이다. 1962년 1월 포르투갈 정부는 마카오를 관광특구로 정한 뒤 도박을 합법화했다. 그는 당시 300만 홍콩 달러를 투자해 도박 독점권을 따냈다.

도박의 도시 마카오에서 가장 유명한 건축물이 '포경주가 (葡京酒家, 리스보아 호텔)다. 그 외양이 아주 독특하다. 멀리서 보면 새장이지만 가까이에서 보면 호랑이 입이다. 고객이 일단 호텔에 발을 들여놓으면 조롱에 갇힌 신세가 되고 호랑이 입에 떨어진 고깃덩어리가 되어 결국 빈털터리가 되서야 나올 수 있다는 의미라고 한다.

스탠리 호는 포경주가를 바탕으로 도박장을 늘려갔다. 특히 홍콩의 손님을 끌어들이지 않고서는 큰돈을 벌 수 없다고 판단하고 홍콩-마카오 간 페리, 헬리콥터 등을 개발해 홍콩 손님 유치에 나섰다. 그가 운송업에 착수해 홍콩과 마카오 사이의 여정을 단축시킨 것은 그의 도박업이 성공한 최대의 요인이었다. 마카오는 지역이 좁고(인구 47만 명) 생활수준이 홍콩보다 낮다. 그러나 마카오와 지근거리(주강 하류의 서안이 마카오, 동안이 홍콩)인 홍콩은 아시아의 돈이 모이는 곳이다. 교통편만 있다면 홍콩 사람들이 주말에 마카오에 도박을 하러 올 것이라는 그의 예상은 적중했다. 지금도 홍콩 사람들이 꿈꾸는 것

중 하나가 주말에 마카오에 가서 잭팟을 터트려 헬기를 타고 홍콩으로 돌아오는 것이다. 마카오의 재정수입에서 도박세가 차지하는 비중은 약 3분의 1이다. 그가 국가 재정의 3분의 1을 책임진다고 할 수 있다.

마카오의 도박왕, 스탠리 호

전성기를 구가하던 스탠리 호도 1999년 마카오의 중국 반환 이후 2002년 위기를 맞았다. 도박 산업의 독점권을 잃게 된 것이다. 그가 도박 산업의 독점권을 장악한 때가 1962년이니 꼭 40년 만에 독점권을 잃은 셈이다. 마카오가 중국으로 귀속된 이후 중국 정부는 더 많은 해외 자본을 유치하기 위해 스탠리 호의 40년 도박 독점권을 폐지했다.

스탠리 호의 영화도 끝나는 듯했다. 그러나 그는 호주의 재벌 케리 팩커와 손을 잡고 더욱 공격적으로 카지노 사업을 확장하고 있다. 도박 산업 자유화 이후 서구 자본도 마카오에 밀려들고 있다. 중국이 발전할수록 도박 인구는 늘 것이고 그들은 도박의 천국 마카오로 몰려 들 것이기 때문이다. 2002년 도박 독점권 폐지 이후 전 세계 도박업체가 앞 다투어 마카오에 진출해 마카오에서는 지금 '카지노 전쟁'이 벌어지고 있다.

특히 스탠리 호와 미국 카지노의 황제인 셸던 애덜슨이 동양의 라스베이거스인 마카오를 차지하기 위해 아마겟돈을 벌이고 있다. 스탠리 호가 이끄는 '멜코'가 마카오에 새로운 카지노를 세우기 위해 10억 달러를 투자하겠다고 하자 일주일 후 셸던 애덜슨이 운영하는 '라스베가스 샌드'가 마카오에 7개의 카지노와 대규모 호텔을 짓기 위해 150억 달러를 쏟아 붓겠다고 발표했다.

중국 정부의 도박 산업 자유화 조치로 마카오 관광객은 급증하고 있다. 2002년 1,000만 명 수준이었던 관광객이 2006년 2,200만 명, 2007년 2,700만 명으로 늘었다. 마카오 당국은 2010년이면 마카오의 관광객이 3,500만 명을 돌파할 것이라고 보고 있다.

관광객이 쏟아지자 카지노 수입도 급증하고 있다. 마카오는 카지노 매출 기준으로 지난 2003년 미국 애틀랜틱시티를 제친 데 이어 2006년에는 세계 카지노 산업의 메카인 라스베이거스를 제치고 세계 최고의 카지노 도시가 됐다. 2006년 마카오의 카지노 매출은 69억 달러를 기록해 라스베이거스(65억 달러)를 추월했다. 마카오의 카지노 매출은 눈덩이처럼 불고 있다. 2007년 마카오의 카지노 매출은 전년대비 46%나 급증한 104억 달러를 기록했다. 2008년에는 150억 달러에 육박해 라스베이거스가 있는 미국 네바다 주 전체 카지노 매출을 넘어설 전망이다.

카지노 덕분에 마카오는 2002년 이후 비약적인 경제성장을 이루고 있다. 1999년 중국으로 귀속된 이후 2000년 4.6%, 2001년 2.2%에 그쳤던 경제성장률이 카지노 산업을 개방한 2002년 이후 연평균 30% 내외를 기록하고 있다. 특히 2007년에는 50%라는 경이적 성장률을 달성했다. 이에 힘입어 2007년 마카오의 1인당 국민소득은 3만 6,000달러를 기록해 홍콩(2만 9,500달러)을 제치고 중국최고가 됐다. 항상 홍콩에 뒤져 2류 도시로 인식됐던 마카오가 홍콩을 넘어서는 '사건'을 일으킨 것이다.

야반도주해야 했던 아버지를 둔 소년 가장에서 마카오의 도박왕으로 우뚝 선 스탠리 호의 도전은 아직 끝나지 않았다. 마카오가 세계 최고의 도박 도시가 된 지금, 마카오의 도박왕이 아니라 세계의 도박왕이라는 타이틀이 남아 있기 때문이다.

도박왕의 도박에 대한 철학은 무엇일까? 그는 도박에 대해 어떻게 생각하느냐는 질문에 항상 이렇게 대답한다고 한다.

"나는 도박을 하지 않는다. 도박은 영원히 이길 수 없다는 사실을 잘 알고 있기 때문이다."

## 최고의 여류 화상, 장인

불과 15년 전 만해도 장인張茵이라는 중국 출신 여성은 남편과 함께 중고 미니밴을 타고 미국 전역을 돌아다니며 폐지를 수집하고 있었다. 1990년 그녀는 남편과 함께 긁어모은 폐지를 중국에 수출하는 회사를 설립했다. 단돈 3800달러(한화 380만 원)의 자본금으로 출발한 이 회사는 중국의 만성적인 종이 부족 덕분에 성장에 성장을 거듭했다.

약 15년이 지난 후 세계적 부호들의 자산을 평가하는 「포브스」는 장인을 중국에서 가장 부유한 여성이라고 소개했다. 또 인류 역사를 통틀어 자수성가한 여성 가운데, 가장 많은 재산을 보유하고 있다고 덧붙였다. 이베이의 최고경영자 맥 휘트먼, 살림의 여왕 마사 스튜어트도 최소한 돈벌이에 있어서는 그녀보다 하수다.

한 여성이 누구도 거들떠보지 않는 폐지 사업을 통해 중국은 물론 세계 최고의 여성 갑부에 등극한 것은 개혁개방 이후 중국 여성들도 경제활동에 본격적으로 참여하고 있음을 증명하는 '사건'이라는 평가다. 중국의 유명한 자산 평가회사인 '후룬'에 따르면 2007년 중국 최고 부자 500명 중 35명(7%)이 여성인 것으로 집계됐다.

장인은 1957년 러시아 국경 부근인 헤이룽장(黑龍江)성의 군인 가정에서 8남매 중 첫째로 태어났다. 1966년 문화대혁명 당시 그녀의 아버지는 '반혁명 분자'라는 이유로 투옥된 뒤 1976년에야 출소했다. 장녀인 그는 아버지를 대신해 돈을 벌어야 했기 때문에 헤이룽장성의 한 회사에서 경리로 일했다.

장인은 개혁개방 초창기인 1980년대 초, 더욱 많은 돈을 벌기 위해 중국의 제1호 경제특구인 선전으로 갔다. 그녀는 선전의 외국계 제지회사에 경리로 취직했다. 그곳에서 5년간 일을 배우면서 폐지사업에 눈을 떴다.

"업계 관계자가 그러더군요. 폐지는 숲과 같다고요. 폐지는 몇 세대를 거쳐 계속 재활용할 수 있기 때문이죠. 날로 경제 규모가 커가는 중국은 만성적인 종이 부족 현상을 겪을 것이고요."

그녀는 창업을 결심하고 보다 큰물에서 놀기 위해 홍콩행을 결행해 홍콩에 제지회사를 설립했다. 그러나 홍콩마저 그녀가 꿈을 실현하기에는 무대가 좁았다. 폐지의 수요는 급증했으나 홍콩은 땅덩어리가 작기 때문에 폐지가 제대로 공급되지 않았다.

그녀는 제지업이 가장 발달한 미국행을 선택했다. 그녀는 1990년 미국 로스앤젤레스로 건너갔다. 그곳에서 두 번째 남편인 리우밍청을 만났다. 치과의사인 리우밍청은 대만에서 태어나 브라질에서 자랐기 때문에 영어가 유창했다. 리우밍청은 그녀가 미국에서 사업을 하는 데 결정적 도움이 됐다.

장인 부부는 '아메리칸 청남'이라는 폐지 공급회사를 설립했다. 아메리칸 청남은 중국산 종이가 질이 낮다는 점에 착안해 중국 시장 공략에 주력했다. 중국산 종이는 펄프가 아니라 대나무나 벼 줄기를 원료로 만들기 때문에 질이 형편없었다. 장인 부부는 재빠르게 미국 폐지 공장과 거래를 트고 미국에서 확보한 폐지를 중국으로 실어 날랐다.

미국에서는 매년 4,700만 톤의 종이가 사용되는데, 이중 75%가 회수된다. 중국은 회수된 폐지의 최대소비국이었다.

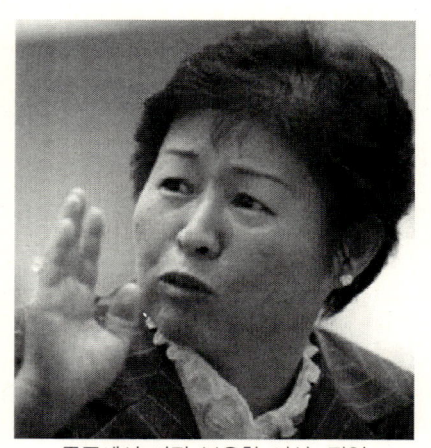
중국에서 가장 부유한 여성, 장인

장인의 회사인 아메리칸 청남은 미국에서 가장 큰 폐지 구입상이었고, 중국에 가장 많은 폐지를 수출하는 업체가 됐다. 2007년 현재 아메리칸 청남은 미국 기업을 통틀어 중국에 가장 수출을 많이 하는 5대 기업 중 하나다.

장인 부부는 중국의 종이 수요가 폭발적으로 증가하자 1995년 중국으로 다시 돌아왔다. 귀국 후 그녀는 지우룽(玖龍)제지를 설립하고, 광둥성의 대표적인 공업도시인 둥관에 폐지 재활용 공장을 세웠다. 그로부터 10여 년 세월이 흐른 지금, 지우룽제지는 5,300명의 직원을 거느리는 대기업으로 성장했다. 한 해 매출 10억 달러에 순익은 2억 달러를 거두고 있다. 지우룽제지는 중국 최대 제지업체이며, 세계적으로도 인터내셔널 페이퍼 등 다국적 제지회사들과 어깨를 나란히 하고 있다.

지우룽제지는 2006년 3월 기업공개를 통해 5억 달러를 조달했다. 2008년 현재 이 회사의 시가 총액은 약 50억 달러에 달한다. 장인은 이 회사 지분의 72%를 보유하고 있기 때문에 개인재산은 30억 달러를 웃돈다. 기업 상장으로 장인이 일약 중국은 물론 세계 최고의 여성 부호에 등극한 것이다.

장인의 야망은 여기에서 그치지 않는다. 그녀는 이미 중국 대륙에 4개의 폐지 재활용 공장을 세웠지만 조만간 상하이에 새로운 공장을 지을 계획이다. 상하이의 새 공장은 중국 최대 규모로 지우룽제지가 제2의 도약을 하는 원동력이 될 전망이다.

그녀가 중국 사업을 계속 확장하고 있는 이유는 중국이 세계 제지산업의 패권을 쥘 것이기 때문이다. 선진국 제지회사들은 공기오염은 덜하지만 가격이 비싼 천연가스를 이용해 종이를 생산한다. 이에 비해 중국 업체들은 저렴한 석탄을 사용한다. 여기에 임금도 낮기 때문에 비용 측면에서 서구 업체는 중국 업체를 따라갈 수가 없다. 또 중국 제지공장은 대부분 최근에 지어졌기 때문에 최신형 기계를 사용하는 반면 선진국 업체들은 1970~1980년대에 도입한 기계를 쓰고 있다. 전문가들은 이 같은 이유 때문에 지우룽제지가 세계 최대의 제지회사가 되는 것은 시간문제라고 보고 있다.

장인의 별명은 '쓰레기의 여왕'이다. 하지만 그녀는 이 별명에 개의치 않는다. 언젠가는 '컨테이너의 여왕'으로 불릴 날이 올 것이기 때문이다. 그녀는 지금 골판지로 제작된 컨테이너 박스 상용화를 추진하고 있다. 기술개선으로 골판지의 내구력이 강해진데다 기존의 금속 컨테이너보다 가벼워 운송비용이 덜 들기 때문이다. 세계 운송업계가 골판지 컨테이너를 상용화하면 그녀는 쓰레기의 여왕이 아니라 세계 물류업계에 혁명을 일으킨 여걸로 역사에 기록될 것이다.

## 대만 재계의 전설, 왕융칭

　　대만 최고의 기업인은 대만의 마스시타 고노스케(일본 마스시타의 창업자로 무학임)라 불리는 왕융칭(王永慶)이다. 그는 초등학교 졸업 학력으로 대만 최고의 재벌이 됐다. 그의 재산은 54억 달러로 대만 최고다. 그의 성공 이야기는 「타임」지의 커버스토리에 실리기도 했다.

　　1917년 왕융칭은 가난한 찻잎 장사꾼의 아들로 타이베이에서 태어났다. 그는 어린 시절을 회상할 때, "가난해 신도 신을 수 없었다."고 표현한다. 왕융칭의 본적지는 대부분 대만 화교가 그렇듯 푸지엔성이다. 그의 증조부 시절 대만으로 이주했다. 그는 소학교를 졸업한 뒤 열여섯 살 되던 해에 창업을 결심했다. 아버지가 이웃에게서 빌린 돈으로 쌀가게를 차렸다. 그는 쌀을 소비자의 집까지 배달하는 택배의 개념을 대만에서 처음 도입했으며 야간영업도 최초로 시도했다. 그 후 전쟁으로 쌀이 정부의 통제 아래 놓이게 되자 업종을 목재업으로 전환했다. 전후 건설업이 호황을 누리자 목돈을 만지게 됐다.

대만 최고의 기업인, 왕융칭

　　인생의 전환점은 1953년에 찾아왔다. 대만 경제는 이제 막 전후 재건경기를 타고 있었다. 대만 정부는 공업화를 위해 민간기업의 플라스틱 사업 진출을 적극 권장하고 나섰다. 그는 대만플라스틱을 설립했다. 1960년대 플라스틱은 최고의 소재였기 때문에 그의 기업은 사세를 급속히 확장해 대만 최대의 플라스틱 업체가 됐다.

1973년과 1978년 두 차례에 걸쳐 찾아온 오일쇼크는 그에게 엄청난 타격을 가했다. 그때 왕융칭은 산유국에 공장을 설립해 공급처를 안정적으로 확보하는 방안을 생각해 냈다. 그는 미국을 선택했다. 그는 1978년부터 1980년까지 모두 열네 개에 달하는 미국 공장을 인수했다. 인수 당시에는 적자이던 기업들을 흑자로 전환시켜 미국에 뿌리를 내릴 수 있었다. 그는 1988년 미국 기업인 켈로그와 합작해 텍사스 주에 정유 공장을 설립했다. 이 공장의 에틸렌 생산량은 연간 68만 톤에 달했다. 이는 당시 세계에서 규모가 가장 큰 에틸렌 공장이었다. 이로 인해 그는 「타임」지의 표지 모델이 되는 영광을 누렸다.

세계적 다국적 기업을 실현시킨 그는 가족 중심인 화교 경영의 한계를 절감하고 인재를 널리 등용하기 위해 명지明志공업전문학교를 설립했다. 명지공업전문학교는 대만 기술자들의 사관학교라 불리고 있다. 그는 대만플라스틱 신입사원을 선발할 때, 일류대 출신이건 고졸 출신이건 그룹의 밑바닥을 체험하게 하기 위해 공장의 바닥청소부터 시킨 것으로 유명하다. 소위 지옥훈련이라고 부르는 고된 훈련을 시킨 뒤 정식 사원으로 발령을 냈다.

그는 1980년대 말부터 중국 진출을 시도했다. 중국의 저가 노동력과 대만의 기술력이 제휴하면 시너지 효과를 극대화 할 수 있기 때문이다. 더욱이 인구 13억의 중국 대륙은 엄청난 플라스틱 수요가 기대됐다. 그는 70억 달러를 투입해 자신의 고향 푸지엔성에 거대한 석유화학 공장을 세우려는 계획을 갖고 1989년과 1990년 두 차례에 걸쳐 중국을 비밀리에 방문해 덩샤오핑을 직접 만났다. 하지만 공장 건설 계획은 조건이 맞지 않아 진척이 없었다. 대만 정부 또한 대만의 산업공동화를 우려해 그의 대륙 진출을 반대했다. 대만 정부의 반대 등으로 그의 투자가 미뤄지자 중국 당국의 관심도 식어 그의 대륙 투자는 결국 무산됐다.

그러나 그는 대만 사회에 대륙에 투자해야 할 때라는 '대륙 투자론'을 설파했다. 1992년에 접어들자 대만 기업들이 하나 둘씩 푸지엔, 샤먼 등지에 투자를 하기 시작했다. 정작 그의 업체는 투자규모가 너무 컸기 때문에 적절한 시기에 대륙에 진출하는 데 실패했지만 그의 대륙투자론은 대만 재계에서 큰 반향을 일으켰고 대만자본의 대중투자 물꼬를 텄다는 평가를 받고 있다.

## 인도네시아를 지배하는 '추콩', 린샤오량

인도네시아는 화교의 나라라고 해도 과언이 아니다. 인구의 3%에 불과한 화교들이 인도네시아 국부의 80%를 차지하고 있기 때문이다. 인도네시아를 대표하는 화교가 린샤오량(林紹良)이다.

동남아 국가 중에서 화교 세력이 가장 강력한 곳이 인도네시아와 태국이다. 화교가 인도네시아와 태국의 경제를 지배하고 있다. 태국에서는 화교들이 경제활동을 주도하고

인도네시아를 대표하는 화상, 린샤오량

군부는 이들로부터 상납금을 챙긴다. 이에 비해 인도네시아는 군부 스스로가 경제를 이끌어가고 각종 자문을 제공하는 화교에게 수업료를 바친다.

인도네시아 군부는 화교들의 경영수완이나 국제적인 네트워크가 없으면 자신들이 돈을 벌 수 없다는 것을 너무도 잘 알고 있다. 군부에서는 자신들을 거부로 둔갑시켜주는 현명한 화교를 '추콩(Cukong)'이라고 부른다. 추콩의 대명사가 린샤오량이다.

린샤오량은 푸지엔성 출신으로 20세에 인도네시아로 이주해 정향나무 농장에서 나오는 향료를 암거래하면서 거부로 성장하는 발판을 마련했다. 린샤오량이 거부가 된 결정적 계기는 인도네시아 최고의 실력자인 수하르토를 만난 것이다. 린샤오량과 수하르토는 1940년대에 만났다. 린샤오량은 재계의 거물이었고 수하르토는 네덜란드로부터 독립운동을 주도하던 전도양양한 대령이었다. 수하르토는 당시 독립군의 물자를 조달하는 군수장교였다. 수하르토와 린샤오량은 군수물자를 매

개로 의기투합했고, 수하르토가家와 린샤오량가家의 밀월은 지금도 계속되고 있다.

교통의 요충지인 인도네시아는 과거에 아랍상인, 인도상인, 중국상인들이 각축을 벌였으나 17세기 네덜란드가 인도네시아를 점령한 이후로 네덜란드의 식민지가 됐다. 당시 네덜란드인들은 화교를 경제 파트너로 삼았기 때문에 화교들이 상권의 대부분을 장악했다. 제2차 세계대전 후 네덜란드의 철수로 주인을 잃은 재산이 속출했다. 인도네시아 군부는 이를 접수했으나 어떻게 운용해야 할지를 몰랐다. 이때 수하르토는 린샤오량을 찾아갔다. 린샤오량은 수하르토와 그의 추종자들에게 자금세탁, 자산은닉 등의 기법을 가르쳤다. 한마디로 린샤오량은 인도네시아 군부의 경제교사였다. 인도네시아 군부는 자산의 소유권을 갖고 중국인들에게 운영권을 주었다. 네덜란드에 이어 인도네시아 군부도 경제를 화교에게 맡긴 것이다.

수하르토가 1965년 쿠데타에 성공해 초대 대통령인 수카르노를 몰아내고 1967년 대통령에 취임하자 린샤오량의 재산은 기하급수적으로 불어났다. 린샤오량은 수하르토 정권출범 2년 내에 정향나무 향료의 상권을 독점했다. 그는 또 인도네시아 제분산업과 시멘트산업의 독점권을 따냈으며 고무와 커피 산업에도 뛰어들었다. 그는 이런 기반 위에서 섬유, 토지개발, 목재업, 광산업, 금융업 등으로 문어발식 확장을 거듭해 인도네시아 최대인 살림그룹을 일구었다.

린샤오량의 재산은 1980년대 이미 10억 달러를 돌파해 그저 인도네시아의 대표적 추콩이 아니라 세계 10대 재벌의 반열에 올랐었다. 2008년 현재 그의 재산은 80억 달러로 추정된다.

## 미주 화교의 영웅, 제리 양

미국에서 가장 성공한 화교를 꼽으라면 단연 야후의 공동 창업자인 제리 양이다. 그는 이전의 화교들과는 전혀 다르다. 사실 그는 중국인이라기보다는 미국인에 가깝다. 하지만 화교가 같은 문화권인 동남아에서 성공하기는 비교적 쉽지만 문화가 완전히 다른 미국에서 성공하기는 어렵다. 따라서 중화민족에게도 미국에서의 성공은 선망의 대상이다.

미국 경제계에서 성공한 화교는 세계적 화장품 회사인 에이본의 CEO인 안드레아 정, 한때 세계 3위의 기업용 소프트웨어 업체였던 컴퓨터 어소시에이츠의 창업자 찰스 왕 등을 들 수 있다.

찰스 왕은 1976년 단 세 명의 직원을 데리고 사업을 시작해 컴퓨터 어소시에이츠를 세계에서 세 번째로 큰 기업용 소프트웨어 회사로 발돋움시켰다. 안드레아 정은 미국에서 가장 유명한 여성 경영자 중 한 명이다. 그녀는 2002년 미국의 유명 경제 잡지인 「비즈니스위크」가 선정한 최고의 CEO에 꼽혔으며, 미국의 경제잡지 「포춘」이 매년 선정하는 여성경영인 '탑 10'에 항상 이름을 올리고 있다.

야후의 공동 창업자. 제리 양

그러나 이들도 제리 양에는 한참 못 미친다. 인류의 생활을 바꾼 인터넷 1세대 스타인 그는 세계 최초의 검색포털 사이트인 야후를 창업한 역사적 인물이기 때문이다.

미국과 중국의 화해 분위기가 무르익던 지난 1978년, 대만 타이베이에서 영어 교사를 했던 젊은 어머니 릴리는 어린 두 아들의 손을 잡고 미국 캘리포니아 산호세 행 비행기에 몸을 실었다. 남편과 일찍 사별한 그녀의 유일한 희망은 아들의 성공이었다. 그녀는 영어교사였지만 아시아계 이민자가 미국사회에서 할 일이라고는 허드렛일 밖에 없었다. 그녀는 자존심을 꺾고 청소 일을 하며 생활비와 아들의 학비를 벌었다.

다행히 장남인 제리 양은 공부를 아주 잘해 명문 사학이자 벤처 기업의 요람인 스탠퍼드대 전기공학과에 입학했다. 제리 양은 1994년 스탠퍼드대학교 박사과정에 있을 때 동료인 데이비드 파일로와 함께 재미삼아 인터넷에 흩어져 있는 정보를 쉽게 찾을 수 있도록 해주는 소프트웨어를 개발했다. 이 프로그램이 세계 최초의 검색엔진인 '야후(Yahoo)'였다. 야후는 동업자 데이비드 파일로의 어릴 적 별명이다. 반응은 가히 폭발적이었다. 서버가 다운될 지경이었다.

그는 창업에 나섰다. 캘리포니아에 위치한 유명한 벤처 캐피털 회사인 세쿼이어 캐피털에서 100만 달러를 투자 받는 데 성공해 창업 2년 만에 직원이 100여 명으로 늘어났다. 1995년 제리 양은 일본 소프트뱅크의 창업자인 재일교포 손정의 회장의 도움을 받아 인터넷 포털 사이트인 야후를 설립했다. 이후 캐나다, 오스트레일리아, 싱가포르, 일본에 이어 1997년에는 한국에도 지사를 설립했고 2000년에는 야후를 시가 총액 1,000억 달러 규모의 대기업으로 성장시켰다. 1998년에는 미국의 대표적인 시사주간지인 「타임」이 선정한 사이버 공간에서 가장 영향력 있는 인물 50인 가운데 6위에 올랐다.

그러나 수성은 창업보다 어렵다. 특히 지난 2000년 벤처 거품 붕괴의 후폭풍을 극복하는 것은 쉽지 않았다. 더욱이 검색 엔진의 새로운 신화를 쓰고 있는 구글의 출현으로 야후는 절체절명의 위기에 빠졌다. 급기야 2008년 마이크로소프트가 IT 업계의 총아로 떠오른 구글을 견제하기 위해 야후의 적대적 인수합병을 선언했다. 야후는 이를 방어하기 위해 구글과 검색 광고 분야에서 제휴하는 등 독자생존의 길을 모색하고 있다.

야후가 마이크로소프트에 인수되든 아니면 독자생존에 성공하든 제리 양이 인류 역사상 최초의 검색엔진인 야후를 만든 사실은 누구도 부인할 수 없는 '역사'로 기록될 것이다.

# 대륙의 새로운 경제리더들

　개혁개방 이후 중국 대륙에도 화상들이 출현하고 있다. 대표적인 대륙의 화상이 백색가전의 황제로 불리는 하이얼의 장뤼민 총재와 중국의 빌 게이츠로 불리는 레노보의 뤼촨즈 명예회장, 중국의 샘 월튼으로 불리는 황광위, 중국의 구글이라 불리는 바이두의 로빈 리 등을 들 수 있다.

　장뤼민과 뤼촨즈가 대륙의 구세대 화상이라면 황광위와 로빈 리는 신세대 화상이랄 수 있다. 구세대 화상들은 주로 가전 등 제조업 분야에서 두각을 나타냈으나 신세대들은 유통 부문과 인터넷 등에서 세계적 기업가로 발돋움하고 있다.

## 백색가전의 황제, 하이얼의 장뤼민 총재

　중국이 세계의 제조업 기지이지만 대부분 OEM(주문자 상표 부착) 방식으로 생산하기 때문에 브랜드는 다 외국 브랜드다. 그러나 중국 고유 브랜드를 당당히 달고 세계에 수출되는 제품이 있다. 바로 하이얼(海爾)이다. 중국에는 20여 개의 가전업체가 난립하고 있지만 '빅 4'는 하이얼, 하이신, 캉자, 창훙 등이다. 이 중 세계적 브랜드 네임을 구축한 회사는 하이얼뿐이다. 중국에서 브랜드 인지도를 조사하면 하이얼이 맡아 놓고 1위를 차지한다. 하이얼은 가전업체로 세계 5~6위권에 랭크돼 있다.

　하이얼을 세계적 기업으로 키운 장본인이 장뤼민(張瑞敏) 총재다. 그는 1984년 그의 나이 35세 때, 작은 냉장고 회사인 칭다오냉장고 공장장에 취임한 이후 하이얼을 20여년 만에 세계 굴지의 가전업체로 키운 경영의 귀재다.

　그가 공장장에 취임한 후 처음 한 일이 하이얼 냉장고를 해머로 부수는 일이었다. 그는 불량 냉장고를 공장 앞마당에 쌓아 놓고 전 직원들이 보는 앞에서 해머로 직접 깨부수었다. 당시 그가 부순 냉장고는 모두 76대였다. 이에 충격을 받은 직원들은 그의 품질 지상주의에 감화를 받았고 이를 계기로 하이얼은 일류 냉장고 업체로 거듭났다. 최고 품질의 냉장고를 생산하게 되자 TV, 에어컨 등 종합가전업체로 탈바꿈했다. 이후 하이얼은 일사천리로 중국 시장을 평정했다.

하이얼의 장뤼민 총재

장뤼민 총재는 여기서 만족치 않고 중국 기업 최초로 해외진출을 선언했다. 1999년을 국제화 원년으로 선포하고 세 가지 '3분의 1' 원칙을 발표했다. 제품의 3분의 1은 중국에서 생산하고 중국에서 판매한다. 제품의 3분의 1은 중국에서 생산하고 해외에서 판매한다. 제품의 3분의 1은 해외에서 생산하고 해외에서 판매한다. 즉 제품의 3분의 2를 해외에서 판매하겠다는 전략이다. 이를 위해 1996년 인도네시아에 첫 해외공장을 설립했으며 2000년에는 미국의 사우스캐롤라이나에 현지공장을 설립했다. 미국 공장은 해외공장 중 가장 큰 규모다. 사우스캐롤라이나 주정부는 지역 경제발전에 공헌한 하이얼에 감사하는 의미에서 공장 앞 도로를 '하이얼 로드(Haier Road)'로 명명하고 장뤼민 총재에게 명예시민증을 수여했다.

장뤼민의 해외시장 공략의 핵심은 '선난후이先難後易'였다. 일반적인 중국기업들이 개척이 쉬운 후진국 시장을 먼저 공략한 뒤 선진국 시장에 진입하는 방법을 택했으나 하이얼은 정반대 전략을 취했다. 처음에는 어렵지만 선진국 시장에서 성공하면 후진국 시장은 그냥 통할 것이란 계산 때문이었다. 하이얼은 미국 시장에서 기숙사 생활을 하는 대학생들을 위한 책상 겸 냉장고를 개발하는 등 틈새시장을 개척해 미국 시장에 뿌리를 내리는 데 성공했다.

하이얼의 성공은 중국 지도부의 생각을 바꿨다. 정부는 중국 기업의 해외진출을 적극 독려하고 나섰다. 중국 정부는 이때부터 '조우추취(走出去, 해외로 나가라)'라는 슬로건을 내걸고 기업을 독려했다. 때마침 2001년 중국은 WTO에 가입해 세계적인 기업과 무한경쟁을 해야 했다. 중국 당국은 하이얼의 성공을 보고 중국기업도 이제는 해외 진출을 해도 될 수준에 이르렀다고 판단한 것이다.

## PC의 원조 IBM을 삼킨 레노보의 뤼촨즈

2004년 말 중국의 한 PC업체가 세계 최초로 PC를 상용화한 미국의 자존심, IBM을 먹었다. 2004년 12월 8일 이름조차 생경한 '레노보(Lenovo)'가 12억 5,000만 달러를 주고 IBM의 PC 부문을 인수했다. 레노보라는 브랜드가 탄생한 지는 1년밖에 안 됐다. 그런 브랜드가 컴퓨터 산업의 산증인이자 미국 블루칩(Blue chip, 초우량 기업)의 대명사인 IBM PC 부문을 꿀꺽 삼킨 것이다.

이 사건은 중국이 세계 인수합병(M&A) 시장에 본격적으로 등장하는 신호탄이라는 데 의미가 있다. 중국은 그동안 풍부한 외환보유액을 바탕으로 여러 외국 업체를 인수했지만 세계적 브랜드의 상장회사를 인수한 것은 처음이었다. 앞서 중국 BOE 테크놀로지가 한국의 하이디스(하이닉스의 LCD 부문)를, 상하이자동차가 쌍용자동차를, 중국의 TV메이커인 TCL이 프랑스의 알카텔을 각각 인수했다.

그러나 레노보의 IBM 인수는 규모도 사상 최대일 뿐 아니라 업계의 메이저를 인수함으로써 시장 점유율을 4배로 뻥튀기 했다는 점에서 기존의 인수와는 격이 다르다. 레노보는 IBM PC 부문을 인수함으로 세계시장 점유율을 2%에서 8%로 끌어올려 2위 업체인 휴렛팩커드를 뒤쫓을 수 있게 됐다. 2007년 현재 세계 PC 시장 점유율은 델 컴퓨터가 16%, 휴렛팩커드가 15%로 각각 1·2위를 달리고 있다.

무엇보다 의미가 큰 것은 지금까지 미국의 초우량 기업인 블루칩이 중국의 회사를 인수했으나 이제는 중국의 초우량 기업인 '레드칩(Red chip)'이 미국의 회사를 인수하기 시작했다는 점이다. 중국의 우량주는 중국의 상징이 붉은 색이기 때문에 미국의 우량주를 지칭하는 블루칩에 대비해 레드칩이라고 한다.

중국 M&A 역사를 새로 쓴 레노보도 출발은 미약했다. 레노보라는 이름은 생경해도 중국에 관심이 있는 사람이라면 '레전드(Legend)'는 들어보았을 것이다. 중국 최초, 최대의 PC 업체로 중국명은 롄샹(聯想)이다. 북한의 김정일 국방위원장이 2001년 5월 2박 3일의 짧은 일정 속에서도 시간을 쪼개 방문한 곳이 롄샹이었다.

그 롄샹의 창업자가 뤼촨즈(柳傳志)다. 1984년 뤼촨즈가 롄샹을 창업한 곳은 7평도 안 되는 사무실이었다. 창업자금은 20만 위안(한화 2,400만 원)에 불과했다. 중국과학원 컴퓨터연구소 주임으로 근무하고 있던 뤼촨즈는 자신의 휘하에서 일하고 있던 컴퓨터연구소 연구원 11명을 규합해 롄샹의 닻을 올렸다. 현재 중국과학원 부소장이 장쩌민 전 주석의 아들 장미엔헝(江綿恒)인 것에서 짐작할 수 있듯 중국과학원 소속 연구원들은 중국의 최고급 IT 인력들이다.

당시 롄샹이 둥지를 튼 곳이 그 유명한 중관춘(中關村)이다. 롄샹은 중관춘 입주 1호로 오늘의 중관춘이 있게 한 회사다. 이런 연유로 뤼촨즈를 '중관춘의 촌장'이라고도 부른다. 롄샹은 이곳에서 처음에는 IBM, 휴렛팩커드 등의 PC를 조립하는 수준에 그쳤으나 1989년 중국 최초로 286 컴퓨터를 독자 개발하는 데 성공했다. 이로 인해 창업자 뤼촨즈는 중국 IT 산업의 대부로 불리게 됐다. 당시 PC의 이름이 전설이란 뜻인 '레전드'였다. 컴퓨터는 출시되자마자 중국 PC 시장의 80%를 휩쓸었다. 이후 롄샹은 회사 이름도 레전드로 바꿨다. 브랜드 네임이 아예 회사명이 된 것이다.

그러나 1990년대 들어 정부가 컴퓨터 산업의 경쟁력 제고를 위해 외국 업체에 시장을 개방함에 따라 1990년대 초반은 컴팩, IBM, 델 컴퓨터, 대만의 에이서 등 국제적인 컴퓨터 업체들이 중국 시장을 장악했다.

레노보의 아버지, 뤼촨즈

그러나 뤼촨즈는 1990년대 후반부터 저가공세를 펼치기 시작했다. 외국 업체들은 저임금을 바탕으로 한 레전드의 저가공세에 모두 나가 떨어졌다. 레전드는 1997년 중국 컴퓨터 시장에서 10%의 점유율을 기록해 1위를 다시 탈환했다. 이후 승승장구해 2000년에는 시장 점유율을 30.7%까지 올렸다.

창업자 뤼촨즈가 레전드의 도약을 위한 발판으로 삼은 곳이 홍콩증시였다. 그는 레전드를 1994년 홍콩증시에 상장했다. 중국 기업 중 최초였다. 요즘 한국 투자자들의 이목을 사로잡고 있는 홍콩상장 중국기업, 즉 레드칩의 원조인 것이다. 레전드는 2003년 세계적 기업으로 발돋움하기 위한 그룹 이미지 통일 작업의 일환으로 사명을 레노보로 고쳤다. 레전드는 많은 기업들이 쓰고 있었기 때문이다.

레노보의 오늘이 있게 한 뤼촨즈는 2001년 신진기예인 양위안칭(楊元慶)에게 그룹의 총재 자리를 물려주고 명예회장으로 물러났다. 뤼촨즈는 명예회장으로 물러난 뒤 M&A 등 회사의 중요한 정책 결정에만 간여할 뿐 중국 IT 산업의 대부로서의 활동에 주력하고 있다.

## 중국의 샘 월튼, 황광위

세계적인 부호들의 재산 집계에 가장 정통하다고 평가받는 「포브스」는 2006년 투자회사 시틱의 래리 룽 회장과 가전 소매 체인 '궈메이(國美)'의 황광위(黃光裕) 회장의 재산이 각각 17억 달러로 중국 최고라고 발표했다. 황광위 회장이 처음으로 중국 최고의 부호에 등극한 순간이었다. 주가등락으로 2008년 현재 이들의 재산은 약간의 변동이 있지만 여전히 중국 거부 '탑 5' 안에 들어 있다.

래리 룽은 개혁개방의 전도사 룽이런의 아들로 날 때부터 거부였지만 황 회장은 무에서 유를 창조한 입지전적 인물로 나이도 39세에 불과해 모든 중국인들의 부러움과 시샘을 한 몸에 받고 있다.

황 회장의 입지전적 스토리는 중국 재계의 신화다. 황 회장은 광둥성의 한 가난한 가정에서 태어나 16세 되는 해인 1985년 고향을 떠났다. 4살 위의 형과 함께 4,000위안(한화 48만 원)을 들고 내몽고로 올라가 옷 장사를 시작했다. 이듬해인 1986년 베이징으로 자리를 옮겨 3만 위안(한화 360만 원)을 대출 받아 100평 규모의 점포를 임대 받고 장사를 계속했다.

처음에는 옷 장사를 하다 가전제품으로 업종을 전환했다. 인민들의 생활이 나아지면서 가전제품의 수요가 폭발적으로 늘 것이라고 생각했기 때문이다. 그는 1987년 궈메이라는 이름으로 정식 회사를 차렸다. 이로부터 5년 후 그는 중국 전역에 걸쳐 가전 체인점을 세우게 됐다. 그는 무자비한 가격 할인으

궈메이의 황광위 회장

로 경쟁업체를 물리치고 중국 전역의 판매망을 장악했다. 이로 인해 그는 중국의 샘 월튼이라는 별명을 얻게 됐다. 샘 월튼은 세계 최대의 할인점인 월마트를 창업한 인물로 세계 10대 거부 중 하나다.

그는 중국 경제가 겪고 있는 변화의 소용돌이에서 유통의 원리를 일찍 파악한 인물이라는 평가를 받고 있다. 중국도 이제 공업 부문만이 아니라 서비스 유통 분야에서도 세계적인 재벌을 탄생시키고 있다는 점은 중국의 소비시장으로서의 가능성을 상징하고 있다.

그는 1990년대 중반 부동산 투자회사를 설립하고 부동산업에도 진출했다. 그는 궈메이를 통해 번 돈을 지렛대로 삼아 과감한 부동산 투자를 감행해 재산을 크게 늘렸다. "장사하는 사람은 영역에 한계가 없다."는 것이 그의 지론이다.

그가 결정적으로 중국 최고의 부호 반열에 오른 것은 궈메이를 홍콩증시에 우회 상장하면서부터다. 황 회장은 2004년 6월 자신이 세운 홍콩 상장사 펑룬투자를 껍데기 회사로 활용해 펑룬이 궈메이를 인수 합병하는 방식으로 궈메이를 홍콩증시에 우회 상장시켰다. 증시상장으로 궈메이의 가치는 두 배 이상 급등했다. 이를 계기로 그의 재산은 10억 달러를 넘어섰다.

황 회장은 중국 현지 언론과의 인터뷰에서 "특별한 취미도 없고 일하는 것보다 노는 게 더 피곤하다."고 말할 정도로 일벌레다. 황 회장은 "가장 낮은 위치에서 출발했기 때문에 위로 올라갈 수밖에 없다.”며 “어려운 순간에도 만두 사먹을 돈이 없었을 때를 회상하며 인내심으로 버텼다.”고 말했다. 그의 목표는 2010년까지 궈메이를 세계 500대 기업 안에 진입시키는 것이다.

## ‘중국의 구글’, 바이두의 로빈 리

‘중국의 구글’로 불리는 바이두의 로빈 리 회장은 최근 중국 인터넷 업계에서 가장 주목받는 스타다. 그가 창업한 바이두가 구글 등 쟁쟁한 라이벌을 제치고 중국 최대의 검색 포털로 자리를 굳히는 한편 실적도 날로 개선돼 연일 주가가 오르고 있기 때문이다.

바이두의 주가는 2005년 8월 5일 미국 나스닥 상장 첫 날 공모가의 4.5배가 넘는 122.54달러를 기록해 화려하게 미국 무대에 데뷔했다. 바이두 상장이 대박을 터뜨리면서 리 회장의 재산도 눈덩이처럼 불어났다. 바이두의 지분 25.8%를 갖고 있는 그의 재산 평가액은 약 10억 달러에 이른다.

올해 39세인 리 회장은 출중한 IT 실력에 미국에서 익힌 비즈니스 감각을 더해 대박을 터트렸다. 리 회장은 베이징대학에서 정보경영을 전공하고 미국 뉴욕주립대학에서 컴퓨터공학 석사학위를 받았다. 이후 그는 유명 경제 통신사인 다우존스뉴스(월스트리트저널의 모회사)와 검색엔진업체인 인포시크에서 현장 경험을 쌓았다. 그는 실시간 정보 시스템을 개발해 월스

바이두의 로빈 리 회장

트리트저널의 웹사이트를 비롯하여 월가 유명 기업들의 웹사이트를 구축한 발군의 실력자다. 리 회장은 다우존스뉴스에서 인터넷의 무한한 가능성에 눈을 뜨고 인포시크에서 기업 공개, 스톡옵션 시스템을 배우며 사업을 결심했다.

1999년 실리콘 밸리를 떠나 고향으로 돌아온 그는 인터넷 검색 엔진 업체를 창업했다. 회사 이름은 '바이두(百度)'. 약 900여 년 전에 지어진 송나라의 유명한 시에서 따온 말로, 역경을 무릅쓰고 백 번, 만 번, 수도 없이 영원히 이상을 찾아 나선다는 뜻이다.

하지만 세상은 그리 녹록치 않았다. 바이두의 검색엔진을 사용하던 포털 업체들은 검색결과의 질적인 문제에 대해서는 관심이 없었고 값을 깎을 생각만 했다. 2001년 9월 그는 다시 한 번 중대 결심을 했다. '직접 검색 포털을 만들자'고 결심한 그는 바이두를 검색 포털로 전환했다. 이제 바이두는 중국 검색시장의 37%를 차지해 최고의 자리에 올랐다. 천하의 구글과 야후도 중국에서는 바이두에 미치지 못한다.

바이두의 앞날은 더욱 밝다. 세계 포털 중 최대의 방문자를 보유하고 있는 야후도 일일 방문객이 1억 명을 조금 넘는 수준이다. 2007년 현재 중국의 네티즌은 1억 2,000만 명이다. 중국의 인구는 13억 명이다. 인구의 절반만 네티즌이 돼도 6억 5,000만 명이다. 바이두가 야후를 제치고 세계 최대의 검색 포털이 되는 것은 시간문제다.

## '중국의 그린스펀', 저우샤오촨

개혁개방 이후 민간 부문이 약진했으나 아직도 중국은 관官이 경제를 지배하고 있다. 관측에서 중국 경제를 대표하는 인물이 중앙은행인 인민은행의 저우샤오촨(周小川) 총재다.

2007년 6월 베이징에서 열린 한 국제회의에서 앨런 그린스펀 전 FRB 의장과 저우샤오촨 인민은행 총재가 위안화 환율 문제를 놓고 점잖지만 치열한 논쟁을 벌였다. 태평양을 사이에 두고 위성 방송을 통해서였다.

그린스펀 전 FRB 의장은 세계 중앙은행 총재들이 참석한 가운데 열린 '국제통화 회의' 위성 연설을 통해 "환율 체제를 유연하게 하는 것이 중국에 도움이 될 것"이라며 중국의 환율제 변경을 촉구했다. 그러나 저우샤오촨은 "변경 이후 상황에 대한 신중한 분석이 선행돼야 한다."고 응수했다.

그린스펀 전 의장은 "유연한 환율제를 바탕으로 중국이 다시 고도 성장기에 진입할 것"이라고 다시 한 번 변동환율제 도입을 촉구했다. 그러나 저우샤오촨 총재는 "과거 경험을 통해 단계적 개혁이 성공의 지름길임을 배웠다."면서 "변동환율제를 촉구하는 외부의 압력이 실제 개혁에 결코 도움이 되지 않는다."고 직격탄을 날렸다. 저우샤오촨이 세계의 경제 대통령이라고 불렸던 그린스펀과 '맞짱'을 뜬 셈이다.

그는 위안화의 점진적인 절상을 유도하고, 중국 금융기관의 해외 기업공개(IPO)를 성공시킴으로써 중국 금융개혁의 대명사가 되고 있다. 인플레이션을 억제하겠다는 저우샤오촨의 한 마디에 세계 증시가 일제히 폭락하는 등 저우샤오촨 총재는 그린스펀이 사라진 국제 금융시장에서 세계 경제 대통령 역할을 수행해 내고 있다.

미국의 유명 시사 주간지인 「뉴스위크」는 2008년 세계를 움직이는 20대 인물을 뽑았다. 이른바 '슈퍼 클래스 톱 20'이다. 뉴스위크는 톱클래스를 넘어서는 슈퍼 클래스란 개념을 소개하며 세계를 움직이는 20인을 선정했다. 저우샤오촨은 5위를 기록했다.

뉴스위크는 1위 조지 부시 미국 대통령, 2위 후진타오 중국 국가주석, 3위 블라디미르 푸틴 러시아 전 대통령, 4위 벤 버냉키 미국 FRB 의장에 이어 저우샤오촨 인민은행 총재를 5위에 올렸다. 6위는 장-클로드 트리셰 유럽중앙은행 총재, 7위는 아야톨라 알리 하메네이 이란 최고지도자, 8위는 루퍼트 머독 뉴스코 회장, 9위는 로이드 블랭크페인 골드만삭스 회장, 10위는 알리 알나이미 사우디아라비아 석유장관을 꼽았다.

11위부터 20위에는 워렌 버핏 버크셔해서웨이 회장, 빌 게이츠 마이크로소프트 회장, 앙겔라 메르켈 독일 총리, 인도 최대 기업을 이끄는 무케시 암바니 릴라이언스 인더스트리 회장, 테러리스트 X(앞으로 있을 대량살 상무기 공격 기획자), 렉스 틸러슨 엑손모빌 회장, 칼리파 모하메드 알킨디 아부다비 투자청장, 교황 베네딕토 16세, 구글의 공동 창업자인 세르게이 브린과 래리 페이지가 이름을 올렸다.

저우샤오촨 인민은행 총재

저우샤오촨이 세계 최고의 갑부인 빌 게이츠와 투자의 귀재 워렌 버핏, 교황보다 더 영향력이 있는 인물이 된 것이다. 중국에서도 후진타오 주석을 빼고는 가장 영향력이 높은 인물로 평가됐다.

중국의 경제 사령탑은 원자바오(溫家寶) 총리다. 원자바오 밑에 3명의 부총리가 그를 보좌하고 있다. 리커창(李克强)이 거시경제를, 왕치산(王岐山)이 무역 및 금융을, 장더장(張德江)이 IT 및 에너지 부문을 각각 담당하며 트로이카 체제를 구축하고 있다.

그러나 세계는 이들보다 저우샤오촨을 더욱 주목하고 있다. 그가 중국 금융 개혁을 주도하고 있기 때문이다. 저우샤오촨은 미국에서 MBA를 했기 때문에 서구 금융에 정통한 것은 물론 영어도 유창해 중국 경제의 대변인으로 자리매김 했다. 그는 유창한 영어 실력으로 서양 학술지에 저작물을 등재한 유일한 중국 중앙은행 총재로도 유명하다.

저우샤오촨 총재는 공산당 원로의 자녀들을 일컫는 '태자당'의 대표 주자다. 그의 부친은 건설부장(건설부 장관)을 지냈던 저우지엔난(周建南)이다. 저우지엔난은 장쩌민(江澤民) 전 국가 주석을 발탁한 장본인이다.

그는 베이징대학을 졸업하고 칭화대에서 시스템공학으로 박사학위를 받은 전형적인 테크노크라트(전문 기술관료)다. 그는 지난 30년간 중국의 시장경제체제 확립을 주도해 온 핵심 멤버 중 한 사람이다. 1979년부터 국무원의 여러 부서에서 경제체제개혁 관련 업무를 맡아왔다. 1991년 중국은행 부행장이 되면서 금융권에 발을 내디뎠다. 이후 국가외환관리국장, 인민은행 부총재, 중국은행장, 건설은행장, 증권감독위원회 위원장 등 금융권 요직을 모두 거친 뒤 2003년 인민은행 총재에 발탁됐다.

시장주의자 저우샤오촨이 인민은행 총재가 된 후 중국의 금융개방 속도는 더욱 빨라졌다. 그는 고정환율제를 폐지하고 바스켓 통화제도를 도입해 점진적 위안화 절상을 유도하는 한편 방만한 금융시스템에 메스를 들이대 부실채권에 허덕이던 주요 국영은행을 회생시켰다. 그의 주도로 회생한 국영은행은 잇따라 해외상장에 성공함으로써 대박을 터트렸다. 중국 최대 은행인 공상은행은 2007년 7월 미국 씨티그룹을 제치고 시가총액 기준 세계 최대 은행이 됐다.

저우샤오촨 총재는 이 같은 공로로 연임에 성공해 그의 임기는 2013년까지다. 세계는 그의 일거수일투족을 주시하고 있다. 그의 말 한마디에 세계 자금의 향배가 좌우되기 때문이다. 그가 2007년 대륙인의 홍콩 투자 자유화를 암시하자 홍콩 증시에 자본이 대거 몰려 홍콩증시가 폭등했다. 그가 화교는 물론 세계의 금융자본의 흐름을 결정짓는 조타수가 된 것이다.

중국 경제의 최대 아킬레스건은 금융 부문이다. 따라서 중국의 금융개혁은 세계적 관심사다. 만약 중국의 금융개혁이 경착륙한다면 세계는 중국발 충격에 휩싸일 것이다. 그러나 연착륙한다면 세계 금융권은 안정 속에 발전을 거듭할 것이다. 중국은 물론 세계 금융계의 안정이 그의 손에 달려 있는 것이다.

# 화교 네트워크와 21세기 세계경제

　최근 화교사회에 나타나고 있는 두드러진 현상이 국제화다. 그렇지 않아도 지연·혈연·업연을 바탕으로 이미 네트워크화되어 있는 화교는 국제화 시대를 맞이해 더 큰 힘을 발휘하고 있다. 게다가 중국과 동남아시아 경제가 급성장하면서 화교들은 세계경제의 새로운 별로 부상해 유일하게 유태자본과 일합을 겨룰 수 있는 세력으로 인식되고 있다.

　국가 개념이 희박한 그들은 국민국가 시대에는 본국과 현지 모두에서 이단자로 낙인 찍혔지만 세계화와 정보통신 분야의 혁명이 본격화되면서 세계화의 첨병으로 각광받고 있다. 특히 중국이 발전하면서 세계와 중국을 연결하는 핵심 고리 역할을 하고 있다. 서구 업체가 화교를 끼지 않고서는 중국 비즈니스를 못하는 것이 현실이다.

화교는 일찍부터 네트워크를 구성하고 있었기 때문에 세계적인 감각이나 조직 면에서 탁월하다. 동남아 지역에 머물고 있던 화교자본은 1980년대 미국, 캐나다 등지로 투자를 확대했다. 해외진출을 할 때 가장 큰 문제가 현지 정보와 인맥의 부족이다. 그러나 화상들은 국경을 초월한 네트워크를 갖고 있기 때문에 이 같은 장벽을 간단히 극복할 수 있었다.

세계화가 빠르게 진행되고 화상 조직 또한 커짐에 따라 보다 광범위하고 공식적인 네트워크를 형성하려는 움직임이 본격화됐다. 이 같은 움직임의 총화가 '세계화상대회'다. 세계화상대회는 리콴유 싱가포르 전 총리의 제의에 따라 1991년 싱가포르에서 제1회 대회가 열렸다. 2년마다 열리는 세계화상대회에는 방언이나 선조의 출신지에 상관없이 전 세계의 거물급 화상과 중국 본토의 기업인들이 모두 참석한다.

제1회 화상대회에서 고문으로 추대된 리콴유 전 싱가포르 총리는 개막연설에서 유태인 중국인 인도인들은 문화적 정체성을 유지하면서 근면함과 검소함을 바탕으로 성장해 왔음을 강조한 뒤 대륙에 대한 투자를 주저하지 말 것을 당부했다. 그는 또 화상 간의 효과적인 네트워크 연결을 위해 세계 화상 주소록 발간을 제의했다.

제1회에 이어 제2회 화상대회는 화교의 메카인 홍콩에서 개최됐으며, 제3회는 태국의 방콕에서 열렸다. 화상대회는 초기에 개혁개방을 선전하는 무대였지만 지금은 세계 각국이 화교자본 유치를 위한 장으로 활용하고 있다. 제4회 캐나다 밴쿠버 화상대회와 제5회 호주 멜버른 화상대회, 제7회 말레이시아 쿠알라룸푸르 화상대회에서 주최국은 화교자본을 유치하기 위해 심혈을 기울였다.

2001년 제6회 화상대회는 사상 처음으로 화교의 고향인 중국 대륙에서 열렸다. 남경에서 열린 이 대회에서 당시 총리였던 주룽지가 직접 나서 전 세계 화상에게 중국에 보다 많은 투자를 해달라고 호소했다. 중국 당국은 이 대회를 위해 무려 1조 4,000억 원의 예산과 5,000여 명의 인력을 동원했다.

세계에서 유일하게 차이나타운이 없는 한국도 2005년 제8회 화상대회를 개최했다. 2005년 10월 8일 서울에서 '중국경제발전의 세계적 영향'이란 주제로 화상대회가 열려 화상들이 대거 집결했다.

세계화상대회는 중국 본토는 물론 해외 화교사회에서도 지역과 가문을 넘어서 모든 화상이 모이기에 전 세계 화상의 종합적인 정보교환의 장이 되고 있다. 화상들은 정보 교환에만 그치지 않고 구체적인 협력으로 화교자본의 세계지배를 꿈꾸고 있다.

2006년 4월 세계 최대의 항만운영업체인 홍콩의 허치슨 왐포아와 싱가포르의 항만운영업체인 싱가포르 항만공사(PSA, Port of Singapore Authority)가 손을 잡았다. PSA가 경쟁사인 허치슨 왐포아의 항만 사업 부문 지분 20%를 43억 9,000만 달러에 인수했다. 이는 PSA가 한 해외투자 중 최대였다.

허치슨 왐포아는 홍콩에서 재신이라고 불리는 리카싱이 소유한 세계 최대의 항만운영업체로 세계 20개국에서 42개의 항만을 운영하고 있다. PSA는 싱가포르 국영 투자사인 테마섹이 지분 100%를 소유하고 있는 업체로 세계 11개국, 19개 항만을 운영하고 있다.

　허치슨 왐포아와 PSA의 결합은 국가별로는 홍콩과 싱가포르가, 화교 파벌로는 차오저우계와 객가가, 개인적으로는 리카싱과 리콴유가 연합한 것이다. 양 업체는 모두 세계를 대표하는 항만운영업체로 특히 물동량이 많은 홍콩과 싱가포르 항만을 각각 지배하고 있다. 이들이 손을 잡음에 따라 항만 이용료를 인상하는 담합을 통해 이익을 극대화할 수 있게 됐다.

　양사의 협력은 엄청난 시너지 효과를 창출할 전망이다. 허치슨 왐포아는 수익 절반이 중국에서 나는 데 비해 PSA는 운영하는 항만이 싱가포르와 유럽 지역에 편중되어 있어 서로 상충되는 부분이 적다. 특히 이들이 협력함으로써 해외 항만 인수 과정에서 불필요한 경쟁을 사전에 방지할 수 있게 됐다. 화교 자본들끼리 소모적인 경쟁을 피하고 아시아뿐만 아니라 세계항만 운영권을 화교자본의 지배 아래 두려는 화상들의 야심이 백일하에 드러나는 순간이다.

# 에필로그 : 차이나타운이 없는 유일한 나라

중국인을 일컫는 비속어 '짱깨'라는 말을 모르는 사람은 거의 없을 것이다. 흔히들 중국집 가자는 말을 짱깨집 가자고 한다. 이 단어는 유래는 이렇다. 짱깨의 어원은 장꾸이더(掌櫃的)다. 금궤金櫃를 장악掌握하고 있는 사람이라는 뜻이다. 요즘 말로 하면 카운터를 보는 사람이다. 다시 말해 재력가라는 뜻이다. 한국인들이 중국인들을 낮추어 부르는 말에도 중국인들의 자본주의적 민족성, 즉 돈 버는 재주에 대한 찬사가 배어 있는 것이다.

그런 짱깨들이 한국에서는 사족을 못 쓴다. 세계에서 차이나타운이 없는 유일한 나라가 한국이다. 인천 북성동에 화교촌이 있지만 차이나타운이라고 하기에는 너무 작은 규모다.

미니 차이나타운 정도로 부르면 적당할 크기다. 인천에 화교촌이 형성된 것은 제물포항이 개항되고 그 이듬해인 1884년 청나라 영사관이 설치되면서부터다. 화교촌은 1940년대까지만 해도 '비단장수 왕서방'이 북적대는 인천 최대의 상권이었다. 화교의 대부분은 인천에서 가장 가까운 산둥성 출신이었다.

한창 때 화교 인구는 8만 2,000명 정도였지만 한국전 이후 크게 줄었고 1960년대에도 화교에 대한 각종 규제로 계속 줄었다. 특히 박정희 정권은 한국의 산업화 과정에서 화교자본을 철저히 배제했다. 남북대치 상황에서 공산당이 지배하고 있는 중국이 고향인 화교의 자본을 이용하는 것이 꺼림칙했을 것이다. 한때 8만 2,000명에 달했던 한국 화교는 1970년대 이후 미주와 대만으로 대거 이주해 지금은 약 2만 명에 불과하다.

그나마 남아 있는 화교조차도 동남아 화교들과 달리 사회 상층부에 진입하지 못하고 대부분 요식업에 종사하고 있다. 따라서 한국에는 동남아 각국의 화교자본이나 중국과 한국을 연결해 줄 힘 있는 화교가 전무하다. 2005년 제8회 화상대회를 서울에서 개최했지만 일회성 행사로는 의미 있는 화교자본의 유치가 어렵다. 한국이 화교자본을 유치하기 위해서는 화교 네트워크의 핵심부에 진입해야 한다. 이 책이 화교 네트워크를 이해하는 데 조금이라도 보탬이 된다면 더 이상 바랄 것이 없겠다.

큰글자 살림지식총서 075

## 중화경제의 리더들 팍스 시니카와 화교 네트워크

| 펴낸날 | 초판 1쇄 2013년 4월 12일 |
| --- | --- |
| | 초판 2쇄 2019년 1월 25일 |

| 지은이 | 박형기 |
| --- | --- |
| 펴낸이 | 심만수 |
| 펴낸곳 | (주)살림출판사 |
| 출판등록 | 1989년 11월 1일 제9-210호 |

| 주소 | 경기도 파주시 광인사길 30 |
| --- | --- |
| 전화 | 031-955-1350    팩스  031-624-1356 |
| 홈페이지 | http://www.sallimbooks.com |
| 이메일 | book@sallimbooks.com |

| ISBN | 978-89-522-2412-5    04080 |
| --- | --- |
| | 978-89-522-3549-7    04080 (세트) |

※ 이 책은 큰 글자가 읽기 편한 독자들을 위해
   글자 크기 14포인트, 4×6배판으로 제작되었습니다.